走私罪系列研究丛书

走私犯罪应用经济学研究

ZOUSI FANZUI YINGYONG JINGJIXUE YANJIU

本书从数量经济学的角度对走私犯罪进行研究，首先分析走私犯罪的经济原因，客观地描述了走私的主要表现形式和特点，从动态的角度考察走私的弊端及其对我国经济造成的严重影响，并针对我国的具体国情运用经济学最基本的分析工具，即成本—收益理论来分析走私和反走私过程中的成本—收益关系……

张大春◎著

中国海关出版社

图书在版编目（CIP）数据

走私犯罪应用经济学研究/张大春著．—北京：
中国海关出版社，2013.9
（走私罪系列研究丛书）
ISBN 978-7-80165-967-5

Ⅰ.①走… Ⅱ.①张… Ⅲ.①走私罪—数量经济学—
研究—中国 Ⅳ.①D924.334

中国版本图书馆 CIP 数据核字（2013）第 193367 号

走私犯罪应用经济学研究
ZOUSI FANZUI YINGYONG JINGJIXUE YANJIU

作　　者：张大春
责任编辑：黄华莉
出版发行：中国海关出版社
社　　址：北京市朝阳区东四环南路甲 1 号　　邮政编码：100023
网　　址：www.hgcbs.com.cn；www.hgbookvip.com
编 辑 部：01065194242-7531（电话）　　01065194231（传真）
发 行 部：01065194221/4238/4246（电话）　　01065194233（传真）
社办书店：01065195616（电话）　　01065195127（传真）
　　　　　北京市建国门内大街 6 号海关总署东配楼一层
印　　刷：北京京都六环印刷厂　　经　　销：新华书店
开　　本：710mm×1000mm　1/16
印　　张：10.75　　字　　数：130 千字
版　　次：2013 年 9 月第 1 版
印　　次：2013 年 9 月第 1 次印刷
书　　号：ISBN 978-7-80165-967-5
定　　价：26.00 元

序一

从威廉·配第《政治算术》的发表，到现代数量方法广泛应用于社会经济分析，已有300多年的历史。经济科学日益朝着用数学表达经济内容和统计定量的方向发展，数量经济学也随之成为一门重要的经济学科。

数量经济学作为一门经济学科，是专门研究经济范畴的数量特征、数量关系和数量变动规律的经济学。同时，数量经济学又是一门研究经济问题方法论的方法学科。数量经济学的研究方向分为经济数学方法研究和经济数量关系分析研究两个方面。经济数学方法研究主要是经济理论研究和经济分析工作中所需的各种方法、技术的研究与创新，目的在于提供研究和分析的手段。经济数量关系分析研究是以理论经济学的研究成果为基础，利用数量分析方法，研究数量关系及其变化，目的在于揭示经济数量变化的规律性。上述两个研究方向体现了数量经济学与理论经济学及其他经济学科的相互关系。数量经济学正是运用经济数学模型和方法来描述和分析各种经济现象或因素之间量的相互关系及其变化规律的经济学科。它与其他经济学科研究数量关系的区别如同数学与其他科学研究数量关系的区别一样，是一般与特殊、抽象与具体的关系。数量经济学的发展，为其他经济学科研究量的关系指引了方向。

数量经济学主要是一门应用经济学，它的建设和发展离不开客观经济的发展需要。随着社会主义市场经济体制的建立，我国政府、企业和居民的经济行为发生了巨大的变化。以经济活动的数量关系为研究对象的数量经济学也就面临联系实际、争取新发展的机遇和挑战。张大春同志的《走私犯罪的经济学分析及对策研究》博士后研究工作报告，就是在这种背景下，运用数量经济学原理研究走私犯罪这一复杂的经济犯罪问题的积极探索。作者的选题具有很强的现实意义，作者在海关工作多年，结合自身的实践，坚持理论联系实际，在充分占有翔实资料的基础上，引用大量数据，以经济学作为切入点对走私犯罪进行了系统的研究。《走私犯罪应用经济学研究》一书是在研究报告的基础上进行较大的修改完善而成的，结构完整，论证清晰，观点明确。该书的问世，不仅能进一步丰富、完善我国的数量经济分析研究及走私罪的理论研究，而且将很好地指导司法实践。

该书突破刑法学犯罪构成研究方法，运用经济学的成本理论、收益理论、资源配置理论，利用不同的变量关系、公式、模型对我国走私犯罪现状、走私犯罪分子进行走私所具有的成本—收益关系、国家进行反走私成本收益核算加以分析，根据大量的实际数据，对走私犯罪产生的客观基础和主观因素，作了较为深刻的研究，推导出科学的结论：通过建立反走私的边际成本和边际效益的关系模型分析得出，降低反走私的边际成本是提高反走私水平的重要途径。该书论证走私罪行为背后的深层次经济成因，对我国运用经济学定量分析方法来制定反走私犯罪宏观政策和微观经济对策、实现最优的反走私水平有着重要的现实意义。

该书体现了作者扎实的法学、经济学专业知识，以及独立从事科研的能力和创新的研究能力。希望该书能够成为将经济研究方法运用于法学理论研究的一个起点，能够让更多的人从中有所参考、借鉴和启迪。作为张大春博士后的指导教师，本人得知其专著付梓之际，欣然作序。

吉林大学博士生导师、终身教授

序二

我在进行企业调查和政府行为研究的过程中，曾接触到走私现象。对这种现象，我曾经从不同的角度进行过思考，但是从来没有写过这方面的学术文章。因此，当张大春博士请我为他的著作写序的时候，我有些犹豫。然而，作为一个研究经济社会学的人，在阅读张大春对走私犯罪的经济学分析报告的时候，不由就会从经济社会学的分析角度进行一些思考。基于这些思考，我答应了张博士的请求。

经济社会学这个名词最早出现于19世纪末，此后，一些既关心经济学又关心社会学的学者在不同的意义上使用过它。从20世纪70年代开始，随着经济学和社会学之间互动的日益密切，经济社会学受到更多的关注，成为迅速发展的一个领域。虽然在自称进行经济社会学研究的人中间，对这一学科的内涵和特点有着不同的甚至差异很大的认识或把握，但有一点却存在共识，那就是将在社会学中发展出来的一些视角和概念运用于经济生活的分析。下面，我也运用这样的视角和概念来作一些讨论。

1. 非正式社会规范

走私违反了国家规定的制度（首先是关税征收制度）。因此，这里涉及制度及其实施和违规乃至犯罪行为的关系。在分析犯罪规模的一个常见的经济学模型中，影响犯罪规模的因素包括：逮捕和定罪的可能性、判定有罪后的惩罚、从事合法与其他非法活动可得到的收入等。其中，逮捕和定罪的可能性、判定有罪后的惩罚与制度及其实施直接有关。当其他条件保持不变时，逮捕和定罪的可能性增加、惩罚力度增加将减少违法的预期效用，从而使违法数量减少。

在这个模型中，十分明显的假设是，制度及其实施是约束犯罪行为的因素。这个假设无疑在许多情况下是现实的。然而，如果我们把制度不仅看做是由国家权力界定和实施的正式制度，而且包括社会成员在他们的社会生活中自然演化而成的各种非正式的社会规范，如果我们考虑到正式制度和非正式规范间可能的不一致关系，考虑到正式制度和非正式规范间的关系在不同性质群体中存在的差异，事情就不那么单纯了。在犯罪活动中，一个可以确定的事实是，一些犯罪活动并非个人单独所为，而是由有组织的群体实施的。走私犯罪活动在很大程度上具有组织群体性。在这些群体中，有时并非是单纯因利而聚，而且存在某种群体规范激励他们共同违反正式制度乃至实施犯罪活动。比如，群体中的"够朋友"、"讲义气"的社会规范就可能起到这种作用。犯罪规模和这种规范与正式制度间关系的性质，以及与这种规范对犯罪群体的激励强度有关。也就是说，在一个社会中，各类群体所遵循的规范及这些规范之间的关系、正式制度和各类非正式规范之间的作用方向，都会影响到犯罪规模。考虑到这种情况，在走私犯罪活动分析中，注意非正式规范和正式制度之间的关系，就有特别的意义。

在经济学和社会学研究长期形成的传统中，制度——包括正式制度和各种非正式的社会规范——始终是社会学关注的核心之一，而在新古典经济学成为经济学的主流范式之后的很长一段时间里，经济学却很少关注制度研究，只是在新制度经济学兴起后，制度才重新成为经济学关注的重点。但如果对新制度经济学家自20世纪70年代之后的制度研究脉络作一番考察，则会发现，他们从社会学和人类学的制度研究中吸取了相当多的养分，特别是对非正式社会规范的研究更是如此。因此，我们将非正式社会规范概念的运用、对正式制度和非正式社会规范关系研究的关注，看做社会学的传统。将正式制度和非正式社会规范的关系引入经济生活分析，是当代经济社会学分析的一个重要特点。

有必要指出，正式制度和国家权力密切联系这一特点，不能理解为国家权力机构所实施的一切制度都是正式的。事实上，国家权力机构有时也利用非正式规范行事。一些社会学的研究已经指出了国家正式机构的非正式运作的某些特点。具体到走私犯罪活动方面，不仅存在着国家的正式制度和某些亚群体的非正式规范之间的摩擦，而且有时还可以发现国家正式机构的非正式运作助长了走私行动的现象。这也是值得关注的。

2. 个人有限社会化假定

在社会学的研究视野中，个人不是孤立于社会，而是作为社会人存在的。也就是说，假定个人的心智结构中内化着行为规范，个人在行动中对于其他社会成员对自己的期待存在着敏感性。这是社会学和传统经济学的个人行为假定的基本不同之处。不过，在社会学的不同流派或学说中，对个人的社会化程度有不同的假定。有的把人的社会化程度假定为十分完全，而有的则只是作出有限社会化假定。在经济社会学者中，特别是看重个人选择作用的经济社会学者，通常都采用有限社会化假定。

有限社会化假定和经济学中通常采用的个人效用最大化假定并不矛盾。事实上，前者给后者留下了空间，也给出了这个空间的边界。在经济社会学中，效用最大化假定和有限社会化假定是同时给出的，包括走私犯罪在内的经济犯罪无疑有经济收益的诱因。然而，给定同样的经济诱因，有些人会采取犯罪行动而有些人则不会，同样进行成本收益计算的个人却有着行动差异。这里除对被逮捕的风险估计和对受惩罚的畏惧程度的差异之外，说服自己采取越轨行动要付出的心理成本差异也是重要的因素。对个人来说，某种社会规范的内化程度越高，说服自己不遵守它的心理成本就越大，也就越难采取越轨行动。把效用最大化假定和有限社会化假定结合起来，有利于对犯罪行动和非犯罪行动作出统一的分析。

理解个人之间及群体之间的社会化差异，社会环境因素是一个重要维度。在存在走私亚文化的社区中，有机会便采取走私行动被认为是天经地义的，人们不会因走私而付出高心理成本。走私行动也更容易在这类社区中出现。我们看到，在一些地区走私活动比其他地区更频繁，这些地区除了有走私的空间方面的便利之外，还常常存在着走私亚文化。

从社会化的角度看，在当代社会中走私活动之所以难禁绝，是因为存在着一个深层理念方面的问题，那就是国家征收关税权力的合理性和自由贸易的合理性之间的张力。自由贸易经过经济学家的论证，其合理性日益深入人心，关税壁垒也常常成为人们批评的对象。在这种情况下，国家征收关税权力的合理性内化到人们的心智结构中的力度会打很大的折扣。

3. 人际关系网络

社会学介入经济活动研究的另一个重要视角是人际关系网络，这自然也构成了经济社会学的一个重要视角。人际关系网络可以被看做一种组织形式。通常人们关注较多的是市场组织（这是经济学家最关心的）和正规的层级化组织（管理学家和政治学家对此研究较多），而经济社会学者还特别关注人际关系网络这种组织形态。这种组织形成的基础是在人际间形成的具有特殊性质的责任合约。人际关系中的合约与经济活动中的正式合约相比，具有这样一些特征：经济活动中的正式合约一般是有时间界限的，而人际关系中的合约则是一种多次的、长期的、没有时间界限的合约；经济活动中的正式合约规定有双方交易的特定资源及数量，人际关系中的合约没有这种具体的规定；经济活动中的正式合约通常对合约不能实施的条件有明确规定，人际关系中的合约却没有这种明确的规定。

人际关系网络的存在有着普遍性，其内含的长期责任、在人们之间相互了解方面的某些优势，以及在信息传递中的特征，使人际关系网络在社会活动中被广泛利用。它既被运用于合法的活动中，也被运用于非法活动中。在很多时候，它可以在参与活动的人之间起到降低交易成本的作用。但是，人际关系网络在提高某些群体的活动效能的同时，对于网络之外的个人和群体，有时也会产生负面效应。例如，利用人际关系网络从事犯罪活动的群体就是如此：在群体内，关系网络提高了活动效能，但对受犯罪活动危害的个人、群体和组织来说，提高的效能意味着他们将受到更大的危害。就海关制度和秩序来说，人际关系网络在走私活动中的利用，就具有这样的负功能。

人际关系有不同的类型，关系网络有不同的结构。已有的研究揭示出，对于不同类型的活动来说，具有相对优势的人际关系类型和网络结构是有差异的。走私活动，由于其跨国、规避稽查等特点，使它和一般的商业活动相比，利用的人际关系类型和关系网络结构应该存在差异。比如，为了有效规避稽查，在关键环节上，走私活动会更倾向于使用强关系纽带，而不是像一般商业活动中那样，大量利用弱关系纽带。同样的理由，在某些关键环节上，走私活动的关系网可能更倾向于非重复性的关系，不是重复性的关系（即在关系网络中多人互为关系人）。而在走私活动的关键环节已经通过，要将走私物品混迹于非走私品的时候，也许会大量地利用较弱的关系纽带，甚至是关系网之外的陌生人，如此等等。对于反走私活动来说，从走私活动嵌入的人际关系性质和关系网结构的角度进行分析，总结其特征，会提供一些帮助。

以上是我在阅读张大春博士的著作时从经济社会学角度想到的一些东西。以此代序，也为进一步交流作铺垫。

北京大学中国社会与发展研究中心
副主任，教授、博士生导师

序三

《走私犯罪应用经济学研究》是张大春同志在其博士后论文《走私犯罪的经济学分析及对策研究》的基础上修订而成的。得知该书即将出版，作为他的刑法学博士生导师，我深感欣慰。张大春同志近几年对刑法的基础理论和走私犯罪领域进行了深入而扎实的研究，出版了《走私罪研究》等专著，取得了不小成绩。他在对走私罪具体的犯罪形态、犯罪情节、罪刑界定等问题进行透彻的研究之后，此次从经济学角度分析论证走私犯罪的本源和形态，这是研究高度上的升华。

走私犯罪本身就是一种经济犯罪，同时也是一种经济活动。对于走私犯罪的更深层次的研究不能仅仅停留在法律的层面上，而是应当在应用经济学的基础上发掘其形成的原因和如何能够减少犯罪的发生，这就是该书的意义所在。我们法律人在能清晰准确地界定走私犯罪的罪与非罪、此罪与彼罪之后，应当了解如何能够从行为的本质出发来抑制犯罪的发生，从而节约总体上的社会成本支出。张大春博士肩负刑法学者和海关工作人员的责任和使命，以全新的、无人涉及的视角从应用经济学的角度对走私犯罪进行研究，可见其敏锐的洞察力。希望张大春同志能在今后的学术道路上为中国刑法学科的发展作出更大的贡献。

为师者能得见自己的学生在学术上有如此造诣，甚是欣喜。是为序。

武汉大学博士生导师、教授 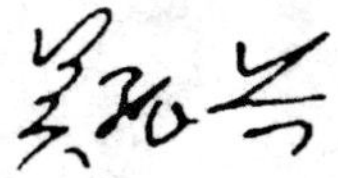

序四

大春在攻读博士学位期间就以走私犯罪作为研究对象。在其博士论文出版之后，大春笑眯眯地送我一本，并在扉页上恭恭敬敬地写着“敬呈恩师指正”。我已多年不读刑法学方面的著作，第一次意识到可以就一个罪名作如此深入和透彻的研究。但想到大春那股喜欢钻研问题的劲头，想到他多年的海关工作经验，而且又有刑法学名家吴振兴教授的耳提面命，我对大春在走私罪研究上所取得的成就也就能够理解了。

似乎没过多久，大春又笑眯眯地对我说，他准备申请经济学专业的博士后研究岗位，从经济学角度来探究走私犯罪问题。当时我说的都是些鼓励的话，但暗地里还是为他捏了一把汗。

现在，大春已经将其博士后研究报告通过电子邮件发给了我，并希望我为其出版著作写一篇序言。虽然大春的研究早已超出我的评价能力范围，但读了他的书稿之后还是有一些感触的，也愿意写在这里。

走私，与我所教授的国际经济法是有关联的。国际经济法包括国际贸易法，国际贸易法包含海关监管。海关监管下的进出口是正当的国际贸易，而逃避海关监管的进出口即是走私，走私达到一定程度就构成走私罪。基于我所接受的学科训练，走私罪在我眼里完全是一个刑法学上面的问题，因此，对走私罪的研究应该是研究走私罪的主体、走私罪侵犯的客体、走私罪的客观表现及走私罪的刑事责任等。而张大春博士的这项研究成果却完全突破了传统的法学研究模式，将走私犯罪及国家的反走私作为一个经济问题加以研究。作者运用经济学的成本—收益理论，采用大量的数据，对走私行为产生的客观基础和主观因素，进行了深刻分析，对我国运用定量分析方法来制定反走私犯罪宏观政策和微观经济对策、实现最优的反走私水平提出了有价值的建议。相信该书的出版对法学界和经济学界的相关研究人员会有所启示，对相关的实务工作者也会起到借鉴作用。

最近几年，多人向我提及美国的法学研究已经改变原有的研究模式。许多法学研究成果均是从法学之外的学科视角来考察法学问题的，而不满足于传统的文义解释和案例分析等方法。也听到美国法学院有志于从事法学研究工作的学生说，当下很少有人在读完 JD（法律博士）之后再去读 SJD（法学博士），而是会选择再读一个其他学科的 PhD（博士）。跨学科的法律问题研究应该是一种正途，而不仅仅是一种时兴。法社会学、法经济学甚至历史法学等，都可以看做是跨学科的法律研究之后所出现的法学流派。按照历史唯物主义的观点，法是人类社会特定历史阶段的产物，与经济、道德、历史、社会和地理等因素均有着密切的联系。抽象地研究法律问题往往无法得出科学的结论。张大春博士抓住走私犯罪和国家反走私行为的经济属性，运用经济学的原理和方法剖析走私问题，为这一问题的研究开辟一块新的天地，尤其可喜可贺。

我与大春相识已有二十多年。最早是给他们上本科生的课程。每次上课前他早早就来到教室，笑眯眯地与我谈一些法学的和非法学的话题。后来，我又给他们讲硕士生的课程，课堂内外的交流就更多了。硕士毕业之后，大春去深圳海关工作。由于聪明、勤奋和踏实，他迅速成长为业务骨干。就像他一直笑眯眯地保持着一种乐观的生活和工作态度一样，他也一直执着于法律问题的探讨。现在，他的博士后研究工作也已完满结束，在他前面将是更广阔的人生和事业空间。

清华大学博士生导师、教授

内容摘要

自20世纪以来，随着世界经济的发展，各国经贸往来增多，交通条件更加便利，世界范围的走私犯罪行为也变得日益猖獗起来。现今，走私已成为国际上广泛存在的一种经济犯罪现象，直接危害各国的政治和经济安全。实践证明，一个国家、民族要发展，必须严厉打击走私违法活动。反走私是当今世界各国面临的重大课题。

纵观国内外对走私问题的研究成果，许多学者从不同的角度、不同的层次对其加以探讨，这有助于我们对走私现象的深入理解。本书运用经济学方法对走私这一现实问题进行了研究，在合理假设前提下，对走私的原因作出更为严密的分析，以推导出科学的结论，从而为治理走私提供更为坚实的理论基础。

走私的本质是研究走私行为和走私罪的一个重要的基础性问题，只有认识走私的本质，才能真正认识走私，才能有效地控制走私。所以，本书以走私的经济学本质为出发点，阐述了走私的定义和走私与寻租之间的联系，分析了走私产生的主观原因及客观基础，认为走私的产生与关税制度、国家间商品差价和贸易限制密切联系，消费者追求消费者剩余的增加而需求走私产品，走私人追求走私的巨大额外收益而产生走私行为，海关和地方政府与中央政府间存在委托一代理关系而产生寻租行为，导致走私更加猖獗。

改革开放以来，我国走私现象日益严重，犯罪手法层出不穷，成为困扰我国经济发展的一个重要问题。本书在客观地描述走私在我国的主要表现形式和特点后，从动态的角度考察了走私的弊端，认识到走私对我国经济造成了严重的影响，并针对我国的具体国情运用经济学最基本的分析工具，即成本一收益理论来分析走私和反走私过程中的成本一收益关系，具有普遍意义。同时，在对一些国家和地区，如美国、意大利、法国、台湾等的反走私措施进行借鉴的基础上，重点分析了我国的反走私实践。为了应对走私，我国政府有针对性地不断变革和努力完善缉私体制。本书试图从制度层面重新审视中国缉私体制的发展历程，在回顾历年打击走私所采取的措施及取得成效的基础上，全面总结缉私体制运作实践中的经验，分析缉私工作中存在的困难和问题，如法律方面存在疏漏，执法专业队伍建设、执法部门间的协作急需改善等，并探索性地提出一套较为符合中国实际的治理走私犯罪的构想，从理论上和制度上为当前的中国缉私体制实践提供指导。本书结论认为，只有从社会政治、经济、文化等多方面入手，实行综合治理，采取各种有针对性的措施来全面提高走私的成本，如走私的直接成本、心理成本、时间机会成本、惩罚成本等，降低反走私的成本，才能从根本上有效地遏制走私现象的滋生和蔓延，为社会主义市场经济建设保驾护航。

目 录

第一章 导论

DI-YI ZHANG DAOLUN

第一节 研究缘起和研究意义

走私是国际上存在的一种普遍现象。走私的英文是“smuggling”，指非法将货物偷运进出一个国家的行为。走私是随着国际贸易发展和进出境的限制而产生的。世界范围内生产力发展水平的不均衡，必然形成国家或地区之间的商品差价。为了阻止低价优价商品流入、冲击国内市场、干扰民族经济，防止国内稀有矿产、珍贵动植物、文化遗产等非法出境，在进出口贸易中，各国都不同程度地采取了关税和非关税措施，而违反这些规定和法律的贸易行为就构成了走私。走私犯罪成为获取高额利润的途径之一。正如马克思在《资本论》中指出：“一旦有适当的利润，资本就胆大起来……有50%的利润，它就铤而走险；为了100%的利润，它就敢践踏一切人间法律；有300%的利润，它就敢犯任何罪行，甚至冒着被绞首的危险……走私和贩卖奴隶就是证明。”①

目前，我国实行改革开放的经济政策，在新旧体制的转换过程中，由于管理方面的疏漏和市场经济的负面影响，走私犯罪非常猖獗。这里可以通过两个数字对比来说明问题：在改革开放前，即新中国成立后至1979年的30年里，查获的走私案件的案值按照海关统计，加总起来是1.3亿元人民币。但随着市场经济的发展，走私的数量越来越大，以1998年为例，该年度海关查获的走私案件案值已达138.8亿元人民币，一年查获的走私案件案值是改革开放前30年查获案件总值的106倍之多。可见，走私在我国发展的轨迹进度是同我国对外开放的步伐和市场经济

① 马克思：《资本论》，人民出版社2004年版。

发展的节奏成正比的。走私犯罪全面侵蚀社会有机体，扰乱社会主义市场经济秩序，严重破坏社会主义法制，造成国家税收流失，阻碍国家对外经济贸易，严重冲击国内市场，挤占国内需求，危害国内产业，加剧就业困难，影响经济发展。正如朱镕基同志所说："走私导致经济上的腐败、政治上的堕落。如果让走私活动继续泛滥下去，不仅会严重影响改革开放和现代化建设的顺利进行，而且还会搞垮我们的经济，搞垮我们的政权，搞垮我们的党。"①

当前，我国大规模走私犯罪已基本得到遏制。但随着形势的发展，特别是经济全球化的影响，新的走私手法层出不穷。目前，总体存在以下几种情况：走私案件总体下降，但重大、特大案件增多；走私犯罪向集团化、组织化、国际化方向发展；进出口货运渠道和加工贸易渠道的走私仍很严重；走私犯罪智能化、高科技网络化等。打击走私稍有松懈，就可能出现新一轮的走私高潮。面对新形势，目前我们在认识、体制等方面还有许多不相适应的地方，不利于我们有效地打击走私犯罪。如果对于这些问题置之不理，长此以往将严重影响我国社会主义市场经济体制改革的进行。因此，我们不仅应该在理论上高度重视，更应该从实践中明确方向，坚持不懈地打击走私犯罪。前提条件就是我们应该从理论上首先明确当前反走私过程中存在的问题，并针对实践中存在的关于走私犯罪的现状、成因、概念、特征，以及立法和司法中出现的一系列复杂、疑难问题，进一步探索和明确。

由于走私犯罪这一问题的高度现实性，对于走私犯罪的讨论在学界一直也是一个热点话题，对于走私犯罪的原

---

① 参见《十五大以来重要文献选编上》中《统一思想，加强领导，迅速而严厉地打击走私犯罪活动》一文（朱镕基，1998年7月15日）。

因和走私犯罪的影响，不少学者提出了种种观点。本书试图站在经济学的角度，在合理的假设前提下，对走私犯罪的原因进行更为严密的分析，以推导出科学的结论。另外，基于对走私犯罪影响的动态考虑，即走私犯罪对于投资和经济增长，以及对于社会和政治的影响，本书从成本—收益视角分析了走私犯罪发生的机制，从而为反走私提供了更为坚实的理论基础，具有普遍的指导意义。同时，借鉴国外反走私措施的成功经验，有针对性地提出了具有中国特色的反走私的经济对策，力求从根本上有效地遏制走私犯罪现象的滋生和蔓延，加快我国现代化的进程，为我国的改革发展推波助澜。

第二节 文献回顾

早在200多年前，刑事古典学派创始人贝卡里亚就在其经典著作《论犯罪与刑罚》中专门论述了走私犯罪，他认为："所谓的走私本质上是对君主因而也是对国家的盗窃行为，是地地道道的侵犯君主和国家的犯罪。"随着走私犯罪日益国际化，世界各国都从自身的实际情况出发对走私犯罪进行研究。当然，这些国家的研究通常也考虑政治、经济、法律、道德及心理等因素。

在对走私的定义上，由于社会制度和经济发展的不同，各国政府出于国家的利益和各自民族文化、道德风俗标准存在的差异，对"走私"一词的解释也不尽相同。多数国家把走私界定为私运违禁品进出口的行为，如俄罗斯、日本等；有的国家把走私界定为未经批准，私自进出口受管制货品的行为，如《美国联邦法典》等；有的国家把走私界定为进出国境偷漏关税的行为，如埃及、墨西哥、秘鲁、英国等。《法国海关法典》把走私界定为所有逃避海关监管进出口及触犯有关关境内货物的占有或移动的法律、法规的行为。《内罗毕公约》指出，“走私”一词指的是以秘密方式将货品运过关境的瞒骗海关的行为。学术界对走私的定义也是众说纷纭。如台湾学者林山田（1979）认为走私属于一种经济犯罪行为，并从犯罪学及刑法之观点探讨经济犯罪，而走私即以刑法之观点出发，属于漏税犯罪，亦即属于财税犯罪的一种经济犯罪行为。[①]陈建勋（1992）指出走私行为是一种地下经济活动，其目的无非是规避租税（关税）和管制（进口设限）。走私活动不仅使财政收入（关税）衰减，而且合法进口物品和非法走私货物双轨并存于国内市场，扭曲商品价格结构。如果走私物品是枪械或毒品，则将危及社会治安和人民福祉。美国学者 Deflem、Mathieu 和 Kelly Henry-Turner（2001）认为，走私可被定义为暗中将货物从一个拥有统治权国家输入另一个统治权国家，亦即暗中从事进出口违禁品（毒品等），或从合法输入应税物品中逃漏关税等行为。他们认为，如果国与国之间或横跨不同时期有不同的价格和关税，走私才有可能发生。传统上，走私之货物均为高税率之产品，如钻石、烈酒和香烟等物品。[②] 我国学者马克昌教授认为走私罪是指违反海关法规，逃避海关监管、检查，非法运输、携带、邮寄国家禁止、限制进出口或禁止出口或依法应缴纳关税而偷逃关税的货物或物品进出国（边）境，情节严重的行为。[③] 韩春雁、朱春阳认为，走私罪是指单位

① 卢振茂：《我国海岸走私行为之经济分析与管理策略之探讨》，台湾中山大学公共事务管理研究所硕士论文。

② 卢振茂：《我国海岸走私行为之经济分析与管理策略之探讨》，台湾中山大学公共事务管理研究所硕士论文。

③ 马克昌主编：《经济犯罪新论——破坏社会主义市场经济秩序罪研究》，武汉大学出版社 1998 年版，第 108 页。

或者个人违反海关法规，逃避海关监管，偷逃关税，非法进出口货物或物品，情节严重的行为。[①] 从以上观点可以看出，尽管各位学者的定义有许多差别，但是其共同之处也很明显。

目前，理论界对走私形成的原因以及对社会、经济、政治的影响作了很多的探讨。国外对于走私行为的研究由美国学者 Bhagwai 和 Hansen（1973）首开先河，此后 Kemp（1976）、Falrey（1978）探讨走私行为对生产和消费效率的影响；Martin 和 Panagariya（1984）、Sheikh（1989）、Thursby、Jensen 和 Thursby（1991）等学者以查缉走私的风险来分析走私行为；Norton（1988）以运输成本分析对走私的影响；Dearworft 和 Stolper（1990）则分析非洲地区的走私行为。Bhagwati 和 Hansen（1973）将走私行为或非法贸易涵盖低报发票（under-invoicing）、高报发票（over-invoicing）及实质走私（physical smuggle）等行为，列入国际贸易理论中，并试图解答走私行为的福利效果。Johnson（1974）认为走私行为对政府而言将造成以下不良的后果：（1）伦理道德丧失，当走私得逞，是一种对公权力的挑战，而让作奸犯科者获得利益，破坏社会伦理道德；（2）非法贸易将使政府的财政收入短收；（3）破坏关税政策；（4）导致公共财产的机会成本增加；（5）如果走私行为较合法贸易并无超额成本，则由于关税被视为政府专断的干预资源有效配置的手段，走私被视为减少了政府对资源配置的扭曲，因此，就个人福利而言是有益的，Martin 和 Panagariya（1984）从经济犯罪的角度来分析走私行为，认为：（1）假设走私被查获的概率与非法贸易对合

① 韩春雁、朱春阳：《新刑法与走私犯罪》，西苑出版社 1998 年版，第 11 页。

法贸易的比率成正比，而与走私的实际成本成反比，则进口货物的国内价格低于税（关税）后的国外价格；（2）进口货物的国内价格比率取决于供给面，与需求面无关；（3）当加强缉私时，将增加每一单位走私货物的成本及进口货物的国内价格，同时也降低走私货物的绝对量及其占总进口量的比率；（4）当政府严厉取缔走私时，对其他经济变量，如合法贸易和社会福祉的影响是不确定的；（5）若增加关税（提高税率），则进口货物的国内价格及非法贸易对合法贸易的比率将增加，而每单位的走私成本将减少。Norton（1988）将运输成本纳入考虑，认为农产品走私的成本是递增的，若提高关税，诱使邻近地区的走私货物流入，而关税提高后的价格差异足以弥补运输成本，因而距离较远的走私货物有利可图。Sheikh（1989）以风险分析来研究走私行为，认为公权力包括破获走私货物的或然率及走私行为处罚的轻重，其结论为：（1）当破获走私货物的或然率增加，而处罚不变时，则对走私的影响不确定；（2）若平均风险成本不变，缉私成功的概率减少，加重罚责，则走私的利润降低，走私将因此减少。Deardorff和Stolper（1990）研究非洲走私行为，发现政府的管制和控制使得合法贸易几乎无法实现，而唯有诉诸走私，因此，认为走私是可以增进福利的。Thursby、Jensen和Thursby（1991）以市场结构因素分析走私行为，认为走私的福利效果是和市场的竞争能力有关的，加强查缉走私将使走私货物减少、价格上升、消费者剩余减少，导致福利效果减少。以上国外学者分别以非法贸易、经济犯罪等观点，并以走私风险、成本分析、查缉概率与市场供给面等不同因素，来研究走私行为的成因及其对社会、国家的影响，但影响走私行为的因素不只这些，应将国内外经济、政府管制政策、税率结构、市场供需等因素考虑在内。

Bhagwati & Hansen，Johnson、Deardorff & Stolper 等学者，曾试图研究走私是否有福利效果存在，走私可能对某些人会产生利益，如走私集团或走私个人、私货中盘商、零售商、少数消费者、私货运送者、搬运者及其他关系人等，但总体上，对整个社会及国家所产生的弊则远大于利。走私一般物品，扰乱国内市场经济秩序，如果走私毒品、枪械、保护类动物及其制品，将对国家安全和形象造成更大的危害，危害程度难以估量。

国内有关走私行为的研究主要有两大倾向，即刑法中犯罪构成的研究和经济学范畴的研究。从刑法学犯罪构成的视角研究走私行为基本立足于定罪量刑，在我国刑法学界，这类研究很多（在此不多介绍）。从经济学范畴研究走私行为，主要运用经济学的相关理论，在犯罪经济学领域受关注较多。笔者从中国期刊网、百度网等搜索了解到，从经济学视角研究走私行为的文章相对较少，主要有：钟国建在《走私活动的成本分析及治理对策》一文中运用成本理论分析研究了走私活动的实践价值，以及针对不同走私成本构建反走私治理对策。其认为，走私活动是典型的财产型违法犯罪活动，走私行为主体追求成本最小化、利益最大化。走私活动的成本由完全成本、受罚成本、交易成本、机会成本等多种形式的成本构成，治理走私活动必须实施综合治理，使走私行为主体因从事走私活动的成本过高而放弃作出走私决策。[①] 万中心在《走私行为的经济分析》一文中认为，进口走私行为的目的在于通过逃避国家关税和非关税措施的监管来获取高额利润。打击走私行为用经济学的语言来表述，是必须使得进口走私

① 钟国建：《走私活动的成本分析及治理对策》，参见 http://www.zhuhai.gov.cn。

行为的预期风险收益小于合法贸易利润。因此，要想遏制走私行为的发展，应做好以下几点：第一，要采取严厉的组织措施和行政措施，坚决制止执法部门对走私行为采取罚款放行的做法；第二，要明确打击走私的重点对象，主要加大打击走私的投入，提高查获走私概率；第三，有目的地对走私大要案进行媒介曝光，迫使风险喜好型企业转变；第四，果断地降低某些产品进口关税；第五，从重从快惩治重大走私犯罪分子，以儆效尤。[①] 许雄奇在《走私与反走私的经济学分析》一文中认为，消费者追求消费者剩余的增加而需求走私产品；走私人追求走私的巨大额外收益而产生走私行为；走私人与海关之间存在博弈，查缉率和罚款率对走私产生重大影响；海关和地方政府与中央政府间存在委托—代理关系而产生寻租行为，以致走私更加猖獗。针对走私的这些原因，必须采取相应的政策以有效地反走私。同时由于反走私必须付出成本，政府完全消除走私也并非最优选择，确定一个最优走私水平是现实的选择。[②] 郑海燕在《走私现象解读》一文中，运用经济学理论对中国改革开放二十多年伴随市场经济发展的走私现象产生的主客观原因，从经济人假设、成本—收益和市场经济、外贸政策、海关监管等层面进行系统性的理论分析，对走私这种综合性违法犯罪活动造成的各方面危害进行了探讨。[③] 李占伟在《对走私行为的经济学分析》一文中认为，走私物品有其市场，是因为购买走私物品可以获得更多的消费者剩余，而走私的存在影响国内生产供应，扰乱市场秩序，破坏竞争，减少财政收入，损害国家利

① 万中心：《走私行为的经济分析》，载于《管理世界》1996 年第 5 期。

② 许雄奇：《走私与反走私的经济学分析》，载于《重庆工学院学报》2004 年第 1 期。

③ 郑海燕：《走私现象解读》，载于《公安学刊》2004 年第 5 期。

益，所以它是危害极大的犯罪行为。高额利润的存在是走私经常发生的根本原因，体制不健全、打击不力等也是不容忽视的因素。根治走私的对策是：制定合理的进口政策，营造公平的国际市场竞争秩序，加大对走私的查处力度。[①] 此外，邱珍英、张殿军、张凯、刘俐娜等人也对走私行为作了经济学分析。

在如何治理走私犯罪问题上，各国学者、学术机构及海关等部门都从国际、国内的实际出发，从政治、经济、法律和社会学的角度对反走私课题进行研究，探讨反走私的机制和措施，对反走私策略提出各种意见和建议。美国学者 Kimberly 认为，走私最常见的手法是贿赂海关关员，并且直接导致海关机构滋生腐败现象，造成国际贸易和国际投资的扭曲；当走私减少了政府海关收入的情况下，政府就必须采取措施予以整治，实施反走私。[②] 欧盟海关反走私课题组指出，随着国际商业竞争日趋激烈和国际贸易量的持续激增，海关的业务量进一步加大，监管业务日趋复杂，相应地，反走私的难度也加大，必须采用科学的风险预测方法，形成严密规范的海关管理制度，才能最大限度地打击走私。欧盟海关在开展反走私工作时，使用风险分析方法，突出重点，管住管好重点企业和重点商品。我国有学者认为，反走私斗争没有最后的胜利，由于存在境内外市场商品的差价和国家进出口税收、管制，以及商人追求利润的最大化本能，决定了走私将长期存在；反走私的目标不是彻底根除它，而是建立起一套反走私的长效机制，将走私活动控制在一定范围内。还有学者认为，随着

① 李占伟：《对走私行为的经济学分析》，载于《许昌师专学报》2001年第1期。

② 金百利主编：《腐败与全球经济》（第1版），刘勇、李宪、刘斌等译，北京出版社2000年版。

加入 WTO 及国际商业竞争更加激烈，我国的对外贸易量激增，海关的业务量进一步加大，监管业务日趋复杂，相应地，反走私的难度也加大，必须采用科学的风险预测方法，并与海关各项业务紧密结合，形成严密规范的海关管理制度，才能在有效监管的同时，最大限度地打击走私。

第三节　研究的思路和方法

目前，对于走私犯罪的研究出现了泾渭分明的态势，国外大多数学者专注于从经济的角度对走私犯罪问题进行分析，而国内学者则集中于研究法律制度建设对于走私犯罪的反应。笔者认为，从经济学的角度来思考走私犯罪问题，将走私犯罪作为一个经济问题来研究应成为当前研究该犯罪现象的必然趋势。迄今为止，国外许多经济学家针对有关走私犯罪的经济学分析编写了诸多专著，足以说明经济学对走私犯罪问题多向度的解释力、分析力和解决能力。

作为社会科学中的“皇后”，现代经济学及其日益发展的科学方法论，为其他社会科学未能解释的诸多走私犯罪问题提供充满魅力的分析与丰富的研究成果。什么是经济学？现代经济学给经济学下的基本的被广泛接受的定义就是：经济学是用来研究人们（包括国家、企业、家庭、利益团体等）行为选择（或决策）的社会科学，它与其他社会科学（如政治学、法学、社会学、人类学等）研究人们行为的最大不同就在于经济学假定人们的行为是理性的——人们出于自己的偏好，并且在给定的约束条件下，在所有的行为选择集合中采取最优行为选择最大化自己的偏好或最大化自己的利益。现代经济学就是这样研究理性人的行为选择或决策来实现具有多种用途的稀缺社会资源的优化配置。特别说明的是，经济学对人们行为的分析目的在于改善人们行为的社会效率，人们必须采取最优行为选择是因为人们选择的机会与时间是有限的，人们的行为可以优化选择是因为人们的选择集合中出现多种可供选择方案：在这样的假设与面临的约束条件下，人们行为的选择结果可能是利己利他（社会）、利己不利他（社会）、损己利他（社会）、损己不利他（社会）等。经济学就是以人是利己的假定来研究与追求人们的行为选择效率目标，即利己又利他的行为选择结果——经济学的分析魅力就在于以严格的理论假设出发，经过严密的逻辑推理分析，得出科学的结论。经济学对走私犯罪问题的分析不同于其他政治学、法学等学科的分析，就在于首先给出走私行为主体的理论假设，经过严密的推理来分析走私犯罪行为产生的根源与条件及社会危害，从而得出根治走私犯罪的必要性及合乎理性的具体政策措施。

当然，本书在不否定其他各种非经济因素对走私犯罪行为的影响前提下，试图对走私犯罪活动中的经济因素进行分析，揭示其行为规律，以期对制定行之有效的反走私方法和措施有所启示。本书在经济人的假设前提下，在分析走私犯罪的一般行为规律的基础上，针对我国特定的走私犯罪现状进行经济学分析。成本—收益分析是本书主要的分析工具，贯穿于我国反走私的经济对策分析之中，力求对我国的反走私工作有所帮助。

为了避免本书在研究过程中泛泛而谈，笔者有意选择几种具体的研究方法进行综合运用，主要有：(1) 调查研究法，对中国走私犯罪现状、趋势的调查研究，以及对中国海关反走私工作的现状与存在问题进行调查研究；(2) 比较研究法，对我国海关和外国海关反走私措施进行对比分析，找出可供借鉴的思路和做法；（3）科学分析法，对影响中国海关反走私工作的矛盾、关系和问题进行科学分析，提出面向未来、适应发展的中国海关反走私工作思路和对策。

第四节　研究的逻辑顺序

本书共分为五章。

第一章首先阐述研究的缘起和研究意义，认为对正处于转型期的中国来说，反走私工作任重而道远。当然，必要的理论研究缺一不可，它对于实践工作具有极大的帮助。其次，通过文献回顾介绍了国内外有关走私犯罪研究的现状，其中涉及不同国家不同的反走私对策研究。此外，也提出了本书的研究思路和方法，强调本书主要是从经济学的角度来研究走私犯罪。当然，经济学的前提假设，使本书的分析建立在一种经济利益的考虑之上，并没有把社会道德的因素纳入考察的范围，成本—收益分析是本书使用的最基本的理论工具。

第二章主要分析走私犯罪的经济学本质，这是具有普遍意义的。首先对走私犯罪作了一个准确的定义，这样对于走私犯罪的分析有着很强的针对性。接下来对走私犯罪的自然本质——牟利性作了分析，然后区分了走私和寻租行为，指出这是两个交叉的概念，纠正人们对于两个概念的错误认识。最后，在上述基础上，对于走私犯罪的成因，从走私行为产生的客观基础和主观因素方面，作了较为深刻的探讨。

第三章着重于对我国走私犯罪现状的经济学分析。首先介绍我国当前走私犯罪的主要表现形式和特征，然后分析了走私犯罪对我国的经济影响。当然，从动态的观点来看问题，不难发现，走私犯罪不仅使资源无法得到有效的配置，还会严重降低市场的信用基础，同时会使国家机器钝化和政府行为市场化，并最终导致社会动荡和政局不稳定。基于这些，利用成本—收益模型从个人微观机制和社会宏观决策两方面来分析我国走私犯罪现状，并力求找到一个最佳均衡点。

第四章讨论了部分国家及我国台湾地区的反走私措施。首先简要地介绍了国外反走私的基本情况，其次重点介绍部分国家和我国台湾地区的反走私措施，并进行总结。

第五章是本书的重中之重，提出我国反走私工作的经济对策。首先，总结了我国当前反走私工作的具体实践，并在此基础上，对我国反走私的具体对策作了经济理性分析。其次，提出了我国反走私犯罪的宏观对策和微观经济对策。最重要的是，结合走私犯罪产生的本质，借鉴国外的成功经验，从增大走私的成本、降低反走私的成本和提高反走私的效率方面着手，提出一系列符合中国特色的反走私的具体措施，从而提高我国的反走私水平。

第二章　走私犯罪的经济学本质

DI–ER ZHANG ZOUSI FANZUI DE JINGJIXUE BENZHI

第一节 走私犯罪的定义

走私犯罪是国际上广泛存在的一种经济犯罪。“走私”在英文中为“smuggling”，包含有违反国家法律或政府命令之意。走私犯罪作为一种社会现象，是伴随国家对外经济贸易的发展和进出口管理的限制而产生的。

关于走私犯罪的定义，最权威的解释莫过于《内罗毕公约》。1977年6月，海关合作理事会（现为世界海关组织，简称WCO）在肯尼亚首都内罗毕签订的《关于为防止、调查和惩处违反海关法规实行行政互助的国际公约》（简称《内罗毕公约》）第一条第四项指出：“‘走私’一词指的是以秘密方式将货品运过关境的瞒骗海关的行为。”该公约对“瞒骗海关”的定义是欺骗海关借以逃避全部或者部分进出口关税和国内税，或逃避履行海关的禁止或限制规定，或违反海关法借以谋利的行为。由此可见，由于各国海关法的规定不一致，该公约尊重各国海关法而作出的走私定义，实际上涵盖了各国对走私范围的规定，具备宽泛的特点。不过需要注意的是，由于社会制度不同，经济发展不平衡及民族文化和道德方面的差异等，各国对进出口贸易和进出口物品的管理也不尽相同。因此，在不同的国家，走私犯罪的含义也有所不同。例如偷税性的走私，只有在有关税的国家或地区存在，而在自由港和某些特别地区就不存在。又如日常生活用品的走私，在经济较发达的国家之间基本不存在，而在发达国家同落后国家之间，因为物品差价悬殊，就大量存在。再如某些政治性和意识形态的书刊，甚至淫秽书画、用品等，在某些国家不予管制，而在另一些国家则被列为违禁品。虽然走私的定义因国而异、因时而异，但是从走私犯罪的基本含义看，走私犯罪一般是指违反一国的法令规定，非法运输、携带、邮递货物或物品进出境，逃避有关国家海关的管制，以达到经济或政治目的的行为。

我国目前处于社会主义初级阶段，社会生产力发展水平比较低，商品经济还不是很发达，因此，对什么是走私犯罪以及走私犯罪行为的构成，必须从我国的国情特点和实际出发来确定。根据《中华人民共和国海关法》（以下简称《海关法》）和其他有关规定，对走私犯罪作如下定义：走私犯罪是破坏社会主义经济秩序，损害国家主权和利益的违法行为。具体地讲，凡是违反国家对外贸易管理、进出口货物（物品）管理、外汇管理和关税管理，非法运输、携带、邮寄货物（物品）、金银、货币、票据、有价证券以及其他限制性物品进出关境，逃避海关监管，逃套外汇，偷漏关税的行为都属于走私。从走私犯罪这一概念的含义，我们可以看出，一种行为是否构成走私罪，不仅要看它是否逃避海关监管，而且还要看其行为本身是否违反海关法规的有关管理规定，同时，行为人在主观上又是故意的。这是确定构成走私犯罪行为的三个基本条件。

第二节　走私犯罪的自然本质

正如美国犯罪学家波尔·卡苔基所言，“有利益的地方就会有犯罪”。[①] 无论是商人还是其他走私分子，他们的最初意识冲动都是为了牟利。走私犯罪的自然本质特点表现为牟利性。根据一般的贸易理论，简单地说，商品分布

① ［美］杰西卡·米特福德：《美国监狱内幕》，法律出版社1987年版，第6页。

不均和价格差异产生了贸易，贸易获利不当又导致了管制，逃避管制产生了走私。走私的产生具有一定的自然性。走私的自然性决定走私的自然本质应当是走私被社会评价前所具有的本质。走私本身就是一种社会评价产生的行为，离开社会评价走私将不会存在，即没有外贸管制规范来衡量对外贸易行为，所谓的走私也就不能成为走私。走私行为不存在，又何谈其行为本质呢？因此，走私的自然本质存在与否，本身就是一个值得探讨的问题。

从历史看，走私是商品经济发展到一定阶段的产物。离开了商品经济，就不可能对走私的自然本质有一个系统的了解。在商品经济的条件下，追逐利润成为人们的唯一目标。“天下熙熙，皆为利来；天下攘攘，皆为利往”就是人们竞相逐利的一个很好写照。这种最初的、朴实的牟利行为不但促进了商品交流和商业发展，而且也成为推动走私产生的原始动力。为了追求利润的最大化，人们开始逃避关税，借此来增加利润收入，这样就出现了走私行为。而走私行为发展到一定程度，就被国家视为严重的犯罪。从中可以看出，牟利性成为走私产生的自然本质。走私的自然本质反映了走私未经社会评价的属性，它是与人性本质的贪利性联系在一起的。

假设走私像自然之过一样存在初始状态（当然从后面的分析可以看出走私或者说绝大多数走私都是法定之过，不存在初始状态），来分析这个没有经过社会评价的初始行为反映了什么，或者在现行的走私评价体系下，忽略或淡化评价规范，而是仅就被视为走私的外贸行为本身来分析。那么，走私的自然本质应包括两个方面，即假设的走私自然本质和走私被社会评价前作为正当的外贸行为所具有的特性。[①]

走私作为一种对外贸易行为被认定为走私之前，与其他正常的对外贸易行为一样，其本质都是为了牟利，通过各种方式减少成本、增加收入，以获取最大的利益。甚至可以说，走私对贸易行为本身来说也是一种牟利手段，即通过走私减少贸易成本，增加贸易利润。走私者也可被视为贸易者，作为一个社会经济个体，其之所以要采取违反外贸管制规范方式进行贸易并不是其本身具有反社会性，而是利益驱动的结果，即通过走私进行的外贸活动比正常的外贸活动获利更丰厚。走私者关心的不是其行为是否违法，而是获利的多少，其追求的是利益最大化。如果有比走私更有效的获利途径，经营者将舍此而择他。如果忽略规范评价，把走私看做贸易牟利的一种手段，那么违法惩罚将成为一种风险列入贸易成本之中，就像所有的贸易方式都有风险一样。

走私行为自然本质的特点在于牟利性，其具体表现为降低交易成本。如果我们仅仅是将走私设定为社会评价前的一种状态，那么，走私可能与原始贸易或正常贸易无异。为此，我们有必要抛开正当贸易行为和社会评价体系，进一步分析现代走私的牟利性的本质。首先，获取贸易资格是获利的前提。在我国，对外贸易和一般贸易的重要区别就是有严格的资格限制，即经营者必须取得特殊的资格才有权进行对外贸易或有权进行某些对外贸易。因此取得外贸资格、取得某类特殊对外贸易资格是参与对外贸易进而取得利益的前提。走私则是规避了对外贸易问题而进行的行为，即没有外贸资格或没有某类外贸资格而从事对外贸易或从事某类特殊的对外贸易，或者也可以说走私

① 张大春著：《走私罪研究》，中国海关出版社 2004 年版，第 29 页。

是没有取得国家贸易许可的对外贸易行为。其表现在以下三个方面：一是对国家禁止的贸易，走私实际是普遍禁止的例外；二是对国家许可的正常贸易，走私节省了取得资格的成本；三是对国家限制的贸易，走私节省了取得特殊资格的成本。其次，逃避关税支出并使其转化为利润。交易成本是交易中的支出，根据利润法则，减少成本在收益不变的情况下意味着利润的增加。仅就对外贸易行为本身来讲，其行为主要是商业行为，而非生产行为，其成本也主要是交易成本，因此减少交易成本对对外贸易来说至关重要，是对外贸易是否盈利、获利多少的关键。与一般正常对外贸易相比，走私主要是通过逃避关税方式降低成本并将其转化为利润。在对外贸易成本中一个重要的组成部分就是关税（指在海关环节应缴纳的各种税额）。不可否认，关税是国家进行外贸管制行之有效的手段，关税可以调节进出，可以增加国家财政收入等等，但客观上关税也增加了交易成本，可以说现代国家贸易中一项重要的贸易成本支出就是关税，尤其是高关税的领域。走私的直接目的就是偷逃关税，将其转化为额外的利润，降低交易成本，使其在与其他从事对外贸易者的竞争中处于优势地位。现代商业竞争日趋激烈，可以想象免缴关税对一个外贸者有什么样的意义。而现实社会中走私所获得的丰厚回报也说明了这一点。最后，降低其他成本并使其转化为利润。犯罪成本偏低也是诱发走私的刺激因素之一。美国芝加哥大学教授加利在其名著《人类行为的经济学分析》中，集中论述了罪与罚，亦即犯罪行为和对付犯罪的公共政策问题。贝克根据自己对社会犯罪行为的长期观察，认为犯罪实际上是一种“经济活动”，犯罪分子有自己的“成本”和“收益”。犯罪分子之所以实施犯罪，是因为他预期犯罪收益大于成本，所以犯罪是在权衡各种谋利方式的成本和收益以后作出的理性选择，走私犯罪也不例外。合法的对外贸易在通关上存在一定的成本，如报关代理费、查验费，等等。同时，这些通关手续在一定程度上还会延迟货物的流通，增加交易时间，这在视时间为金钱的现代人看来无疑是间接增加了交易成本。走私实际上免除了这些费用和时间并直接将其转化为利润。当然这并不是走私自然本质的主要方面。走私的自然本质还是通过非法取得外贸资格和偷逃关税来实现的。减少通关费用成本，只是走私者顺带免去部分成本的意外。

总之，抛开走私的违法性不论，仅仅把其当做对外贸易的一种牟利手段来看，其本质就是获取更多、更大的利益。这种利益包括走私逃避国家外贸管制获得的直接利益，也包括走私逃避国家外贸管制获得的间接利益。与一般正常对外贸易相比，走私获利主要是将应缴而未缴部分成本直接转化为利润。可以说，走私的自然本质是走私者希望或实际取得普遍成本支出例外的外贸行为。

第三节 走私犯罪与寻租——一种理论解说

一、寻租理论概说

在经济学家看来，从社会福利的角度看，现实经济生活中人们所从事的各种追求自身经济利益的活动大体上可以分为两类。一类是生产性的、有助于增进社会福利的经济活动，如从事的正当的公平交易以及各种生产活动；另一类属于有损社会福利的非生产性活动。前一类我们称之为正常的寻利活动，后一类则被称为“寻租”（Rentseeking）。

寻租理论的思想最早是由美国公共选择理论的主要代表人物之一塔洛克（Tullock）（1967）做详细论述的。但是，寻租作为一个理论概念是由美国经济学家安妮·克鲁格提出的。她分析了发展中国家因限制进口而出现的大量的寻租活动，并指出寻租活动一方面造成了社会资源的巨大浪费，另一方面也阻碍了发展中国家的经济增长。

寻租理论中“租金”的内涵与现代经济理论中的“租金”是不同的。在现代经济学中，租金是指支付给资源所有者的报酬中超过那些资源在任何其他可选择的用途中所能得到的最高报酬的那一部分，也就是超过其机会成本的剩余。导致某些资源产生租金的主要原因，是这些资源的供给缺乏弹性，比如农业生产中，适于耕种的土地的数量是有限的，其他的如石油、稀有矿藏等皆因数量有限，其供给缺乏弹性。而早期寻租理论中所讨论的“租金”是由于政府对市场进行干预和管制，抑制了市场的公平竞争，从而人为地导致某些资源的稀缺而形成的超额利润。产生这些租金的根源在于政府对市场的不恰当干预。所谓寻租，就是各个经济主体通过影响政府各种公共权力的运用来获取这种租金的活动。

后来，巴格瓦蒂（Bhagwati）（1982）把各种寻租活动进一步扩展为寻求直接非生产性利润的活动，将从事这些活动所获取的利润称为直接非生产性利润。他把寻租活动归纳为以下几类：（1）政府为保护本国经济，对本国的商品进口及外汇供给实行严格管制时会产生大量租金，从而引起寻租活动；（2）各利益集团为了在政府预算中占有更大的份额，以便获取更多的投入而进行的寻租活动；（3）为使政府的一些制度有利于本利益集团而进行的寻租活动。常见的有税种的设立、税率的确定等对应税集团的利润影响较大的规定；（4）为逃避政府管制而进行的寻租活动，比如避税、偷税、漏税以及走私贩毒等。[1]

现代寻租理论基本上继承了巴格瓦蒂的定义，将寻租活动定义为人类社会中非生产性的追求经济利益的活动，或者那些为维护既得经济利益和对既得经济利益进行再分配的非生产性活动。寻租活动可以采取合法的形式，如企业向政府争取优惠待遇，利用特殊政策维护自身的垄断地位等。同样，也有种种非法性质的寻租活动存在，如行贿受贿、偷税漏税、走私贩私等。本书讨论的主要是走私犯罪这样的寻租活动。

寻租活动对于寻租者本人而言，是一种收益远远大于成本的经济活动，是一种"正和的博弈"。寻租与正常的寻利活动都是个人追求经济利益最大化的表现，从经济学的角度看都是"理性的"，但从全社会的角度看，寻租活动则是"负和的博弈"，即对整个社会而言是损失大于利得，有损于整个社会的福利，它不但没有增进社会的财富，反而白白浪费了社会资源。寻租活动是有损于社会福利的，而正常的寻利活动则有助于增进社会福利，这是区分两者的关键。

寻租理论的意义在于：首先，它从一种全新的角度重新研究人类的经济活动，将研究的对象从生产性的寻利活动扩展到非生产性的寻租活动，拓展了经济学研究的视野。其次，寻租理论将政府看做市场经济的参与者，而非传统经济理论的"守夜者"，寻租理论认为寻租活动产生的根源在于政府对市场的不正当干预和管制，从而将政府行为内生化了。这一点为我国的政府职能改革提供了很好的理论依据和思路。最后，也是最重要的一点，寻租理论研究的主要内容不是强调寻租活动产生的伦理道德基础，

① 贺卫著：《寻租经济学》，中国发展出版社 1999 年版，第 213 页。

而是研究其滋生的社会经济体制条件。为什么同一个人在不同的制度环境里会分别从事正常的寻利活动和寻租活动？为什么同一个社会在不同的经济体制下寻租活动的水平会有很大的差异？造成这种局面的社会经济制度基础是什么？这一点对当前我国治理腐败、打击走私和偷税漏税等违法犯罪经济活动提供了非常重要的启示：要消除这些有损于社会福利的非法寻租活动，必须铲除其存在的制度根源。

二、走私犯罪与寻租

正如本书前文所述，走私犯罪是行为人为了寻求直接非生产性利润而逃避国家外贸管制实施的一种非法的寻租活动，它对整个社会而言是损失大于利得，有损于整个社会的福利，但对于行为人而言，则是利得大于损失。因此，在当前国家外贸管制相对严格的背景下，为了获取利益的最大化，走私犯罪行为人会想方设法采取各种手段进行寻租活动。在传统的计划经济体制下，虽然由于政府通过行政手段直接控制了各种经济资源的分配而产生了巨额的经济租金，但寻租活动却比较少。改革开放以来，各种各样的寻租活动在我国不断地滋生与蔓延。寻租涉及的领域几乎无所不在。寻租的主体大到政府部门、企事业单位，小到家庭和居民个人，寻租的手段和方式花样繁多，既有合法的也有非法的。其中，走私犯罪是非法的、对社会危害比较大、影响也比较大的寻租活动之一。根据海关的统计数字，1978 年中国海关查获的走私案值为 227 万元，1981 年上升到 1 亿多元，1992 年达到了 13 亿多元，1996 年接近 100 亿元，到 2002 年则增至 102.8 亿元。同时，走私的主体和私货品种也发生了很大的变化。[①] 20 世纪 80 年代初期，走私的主体主要是个人和家庭，走私物品主要包括电子手表、家用电器、香烟和布料等生活用品。进入 20 世纪 90 年代，走私主体逐渐由个人和家庭转向三资、集体甚至国有企业等法人，私货物品除了香烟、家用电器、汽车等外，还包括钢材、原油、化工材料等关系到国计民生的生产性原材料。走私的方式也从原始的偷运发展为利用高科技手段的商业欺骗等。

按照寻租理论分析的思路，走私非法寻租活动的滋生和蔓延与我国当前所处的特定历史阶段是密切相关的，是有着特殊制度背景的。严格地讲，走私非法寻租活动的产生主要由两个方面引发：一是直接经济因素，包括税率高低、税率结构、价格规律、供求关系以及罚款力度、严格检查概率等；二是间接非经济因素，包括微观非经济因素（地位收入、受教育程度、风险类型）和社会间接因素（法律制度、社会风尚、公平程度）。间接非经济因素中社会间接因素的研究较多，而微观非经济因素研究较少。这方面不是本书研究的重点，本书着重对直接经济因素进行研究。由于前面已经对走私犯罪的自然本质作了较为系统的论述，其中成本—收益关系是走私犯罪牟利性的集中体现。因此，这里主要介绍一下价格规律、供求关系对于走私非法寻租活动的作用。

价格规律对走私非法寻租活动的作用。走私的根本目的是追逐利润，因此它受制于价格规律的变化。当商品生产成为社会生产的主要方式，大量商品进入国际流通领域，在国际贸易迅速发展的同时，价格规律对走私的影响

---

① 周云波：《寻租理论与我国体制转轨过程中的非法寻租问题》，载于《南开经济研究》2004 年第 3 期。

也越来越大。一方面，政府出于保护民族产业或者维护中央经济利益的需要而采取的政策干预造成国内外商品的价格扭曲，如国家对进出口商品征收关税后，必然引起进口商品国内价格的上涨，造成国内和国外的价格差，关税价格效应造成的价格差是走私存在的根源，也使规避税收成为走私的直接动机。价格扭曲使走私套利变成一项有利可图的活动，并且走私的预期风险收入大于合法经营利润，因而诱使一些经济主体不惜冒险进行走私以攫取利润，直接导致了走私活动的发生。另一方面，由于生产力发展水平不平衡，在经济发达国家与经济不发达国家之间，商品价格存在很大的差价，走私正是利用这种价格差价来牟取巨额利润，以实现自己的经济利益目标。马克思曾指出："一旦有适当的利润，资本就胆大起来……有50%的利润，它就铤而走险；为了100%的利润，它就敢践踏一切人间法律；有300%的利润，它就敢犯任何罪行，甚至冒着被绞首的危险……走私和贩卖奴隶就是证明。"[①] 马克思的论述描绘了走私者唯利是图的本质，揭示了走私的经济原因。因此，只要世界各国经济发展不平衡，商品生产与人们的物质生活需求存在差距，国际商品价格存在差价，走私现象就会产生。

商品供求关系对走私非法寻租活动的影响如下：由于走私是以经济利益为目的的行为，而经济利益受到国内外市场供求关系的制约，因此走私活动必然随着国际市场商品供求关系的变化而波动。经济学原理反映：供给与需求没有形成必要的市场竞争时，就会引起畸形的发展，走私活动正是利用这种供求关系的变化来牟取利润。在国际贸易中，两国之间的比较优势即比较成本决定了相互之间的

① 《马克思选集》，第二卷，第265页。

交换，进出口商品遵循价值规律进行国际流动。由于各国或地区生产力发展水平不平衡，商品生产规模数量和质量之间存在差异，国际市场供求关系也难以趋于平衡。当一个国家不能及时根据国内资源和国际国内需求，合理引导供求趋势时，在赚取利润多的地方，必然会产生一哄而上的进出口，当正常途径满足不了时，走私就成为必然。从某种意义上说，走私对维持国内外商品供求平衡起到了“特殊的平衡”作用。同时，供求规律也对走私活动产生反作用。商品供不应求时，价格就上涨；供过于求时，价格就下跌。这种变化情况对走私活动产生了极大的影响。价格决定供求关系，供求关系又决定商品生产的规模，随着生产水平的提高和生产数量的增加，供求矛盾不断解决，以某些商品为对象的走私活动就会相对减少或消失，而另一些在供求矛盾中处于突出地位的商品又会促使走私活动发展和变化。

第四节　走私犯罪的成因分析

一、走私犯罪产生的主观原因

经济学分析走私是一种逃避国家对进出口贸易的管制、非法牟取暴利、严重危害国家主权利益的违法犯罪行为。政府查缉走私的目的是制止和打击一切非法进出口货物、物品的行为，维护进出口贸易秩序，维护市场的公平竞争环境，维护国家主权利益。是否实施走私行为，首先取决于经济人的主观判断。

（一）走私主体的经济人假设分析

经济人假设来自于经济学，根据大卫·李嘉图的界定，经济人假设由三个命题构成：（1）自然的社会是由一群无组织的个人组成的；（2）每个人都尽力按照能达到自我保存和实现自我利益的方式来行事；（3）每个人都尽力按照逻辑进行思考，为达到一定的目标而努力。[①] 亚当·斯密指出："每个人在努力地运用其资本以实现其产出的价值最大时，通常他既非旨在促进公共利益，也不知道他自己在何种程度上促进哪种利益。他关心的仅仅是他自身的安全和得利。"经济人假设在被发展成为经济学经典的基本假设后，主要包含了这样一些内涵：一是人的自利性。每个人要为自己打算。行为科学家们分别提出了实利人、社会人、成就人和复杂人等人性假设，提出人性是复杂多变的，不仅仅要追求经济利益。依据马斯洛的需要层次理论，为获得一种无形资产或满足自己更高层次的需要，人类的最终利己目的则可以表现出利他主义的行为。西蒙指出："这种利他实际上意味着明智的利己。"这些努力力图使"经济人"这种抽象的人更接近于"真实的人"。二是利益最大化原则。行为经济学派莱宾斯坦提出 X（低）效率埋论，认为个人的努力或行为不是一个常量，与压力相关。通常情况是：由于压力不足，人们只是把一部分精力用于作出合理决策所必需的信息上，而让决策同时也依赖于习俗、惯例和道德规范等方面，并不努力追求极大化。三是人的完全理性假定。即人具有完备的知识和计算能力，对面临的一切备选方案具有完全的信息具有完全内在一致的偏好，会作出能更好地满足自己的偏好（或至少不会比现在更坏）的选择。[②] 新制度经济学用"有限理性"

① 张钢著：《公共管理学引论》，浙江大学出版社 2003 年版。

② 张海燕：《走私现象产生的主客观原因经济学分析》，载于《商业经济与管理》2004 年第 5 期。

取代了“完全理性”，指出来自人类认识能力的有限性，环境的不确定性和复杂性，信息的不完全性和不对称性，机会主义行为，以及制度的约束等对完全理性判断的制约，提出用“满意解”代替极大化的追求。斯密指出“经济人”在经济活动中受到两方面的约束，一是来自于人本性中的内在道德约束，二是来自于外在法律的约束。[①]

经济人是追求利益最大化的理性者。走私分子也是经济人，奉行趋利避害的原则，力图以有限的代价获取最大限度的利益。走私者作为贸易者，之所以要采取违反外贸管制规范方式进行走私是利益驱动的结果，即通过走私进行的外贸活动比正常的外贸活动获利更丰厚。走私者关心的不是其行为是否违法，其关心的是获利的多少，其追求的是利益最大化。如果有比走私更有效的获利途径，经营者将舍此而寻他。走私分子进行走私行为时，就会在权衡一定条件下各种不同牟利方式的利弊和预期可能获得的收益后，作出理性的选择。

（二）走私行为的成本—收益理论分析

从经济学角度来看，人在进行某种活动的时候，基于趋利避害的本能和资源的稀缺性，总是按照成本—收益分析法，要预先对预期收益和投入的支出进行权衡，通过各种方式减少成本、增加收入，以获取最大的利益。只有在预期收益具有大于所要从事的活动的投入支出的可能性，他才会选择能给自己带来较大收益的行为。犯罪经济学认为，人的犯罪行为同其他行为一样，都是理性选择的结果

① 贾西津：《从经济学与社会学中“人”的预设对二者方法论的思考》，参见 http：//www. wiapp. org/spaper/jiaxj07. html。

和表现。[①] 加里·贝克认为犯罪实际上是一种“经济活动”，犯罪分子有自己的“成本”和“收益”。犯罪分子之所以实施犯罪，是因为他预期犯罪收益大于成本，所以犯罪是在权衡各种谋利方式的成本和收益以后作出的理性选择。而犯罪量不仅决定于可能犯罪者的理性与偏好，也决定于政策创造的经济和社会环境，包括用于警察局的支出、不同罪行的惩罚，以及上学、就业、训练计划的机会。

走私分子在进行走私活动时都需要有成本的投入，如时间的机会成本投入、寻租的租金投入以及各种资金的投入。走私成本的投入要与预期的收益相比较，若投入与预期收益相差无几，则走私分子就会放弃走私。走私违法犯罪成本一般包括三个方面。一是直接成本，即实施走私活动产生的成本。其包括海上走私的船舶、购买走私物品的开支、策划走私的时间等直接用于走私活动的开支，取得外贸资格、取得某类特殊对外贸易资格的交易成本。直接成本是走私分子从事走私活动必须投入的基本运行成本，是必不可少的。二是走私的时间机会成本。时间机会成本是影响走私成本的一个重要因素。因为一个人的寿命和精力是有限的，所以生命、时间和自由对任何人（包括走私分子）来说，都是一种宝贵的稀缺资源。走私分子把一部分时间用于走私活动，那么他就必须放弃在这部分时间内从事合法谋利的活动与机会，从而也就牺牲了通过合法活动谋利的时间，由此自动放弃了合法经济活动可能产生纯收益。也就是说，走私的时间机会成本，等于走私分子在实施走私活动时放弃从事合法经济活动的机会和从事合法

① 宋浩波著：《犯罪经济学》，中国人民公安大学出版社 2002 年版，第 378 页。

活动应得的合法收益。三是惩罚成本，即走私被缉私执法部门查获并被行政处罚，或被法院判处刑罚对走私分子所造成的经济损失。惩罚成本是影响走私成本的另一个重要因素。任何投资都有一定的风险，而走私活动这种投资的风险更大。因为走私犯罪一旦败露，就会导致走私成本的增加而抵消甚至超出犯罪收益，走私分子被定罪、判刑，甚至失去生命自由，就会完全丧失以后的全部时间，走私活动的投资将无法收回，并且再也没有谋利的机会，从而加大了走私分子为走私犯罪所投入的成本。走私都有败露或者不败露、判刑或者不判刑两种可能。当走私的惩罚成本提高时，自然而然选择走私的人会相应地减少。

由此可见，从事走私活动所得的收益越大，就越会诱使人们去从事走私违法活动。相反，走私带来的利益等于或小于需要投入的资本，那么走私活动就会大大减少。加里·贝克提出对付违法犯罪行为的最优公共政策就是提高违法犯罪成本，使违法“不合算”。从事每一次走私活动的收益是相对稳定、保持不变的，因而提高走私违法犯罪活动的成本，能有效地促使走私犯罪率下降。而对走私罪施以更严厉的惩罚，如恰当地运用刑罚，是遏制走私活动的一种有效手段。

二、走私犯罪产生的客观原因

走私分子具有走私的主观动机后，还需要客观环境为其创造有利的条件和时机。

（一）市场经济带来的负面影响

走私，有人称它是对外贸易的“双生子”。自从我国打开国门的那天起，它便像影子一样跟随而至，从食品、烟酒到家用电器、电脑、手机、轿车等生活消费品，直至石油、化工产品等生产资料，到处可见走私货物强烈地冲击着国内市场。市场经济是把双刃剑，在促进生产力发展的同时，也带来许多的负面效应，走私就是市场经济中的一种负面效应。在我国目前经济转轨时期，国内社会呈现出一种急于发展、急于致富的全民经商局面，市场经济体制尚不完善，没有良好的市场规则加以引导和规范，势必就会引发市场投机如走私等不正当的竞争行为。

（二）外贸政策、关税政策、非关税措施的负面影响

1998 年乌拉圭回合谈判结束时，发达国家的关税平均水平已降到 3%，关税在各发达国家财政中的作用已降到很低的程度，而发展中国家的关税平均水平仍为 15%，关税在国家财政收入中仍占据重要的比重，我国海关税收占中央本级财政收入的 1/3。2003 年在扣除各种退税因素的情况下，中央财政收入的增加额全部由海关税收创造，海关税收在中央本级财政收入中的比重高达近 30%。[①]

日前，我国经济发展水平、生产效率和产品质量与发达国家还有一定的差距，多数商品在国际市场上竞争力还比较低，我国的高关税、高进口环节税是对国内相对落后经济的保护，因而造成许多进出口商品国内外差价大，使走私获取高额利润。即使关税逐年下降，政府对进口商品征收的消费税、增值税也并没有减少，而且目前海关征收的税收中有 2/3 是增值税和消费税，增值税率高达 14% ~ 17%，但世界贸易组织对增值税和消费税是无要求的，因此关税降低而进口环节税的长期存在是走私仍将继续的重要诱因。比如，从 2005 年 1 月 1 日起，我国取消了成品油的进口配额和进口许可证，成品油进口关税税率由 7.5%

① 参见海关总署关税司司长在 2004 年全国海关税收座谈会上的讲话。

降到6%，进口关税虽然有所下降，但下降幅度不是很大。如果成品油的关税降到0，正常进口的成品油也仍然被征收17%的增值税和每吨277元的燃油消费税，这样走私的成品油和正常进口的成品油的差价仍然较大，因此走私仍将长期存在。为吸引和利用外资，我国实行一系列关税优惠政策，经济特区、沿海经济开放区的进口税收优惠政策，造成了内资企业与外资企业、特区与一般地区之间的不公平竞争，同时留有的关税优惠，留下许多空白点让走私分子有机可乘。

在非关税措施方面，我国为保护民族工业长期实行较严厉而繁琐的行政性非关税管制措施，如长期实行近乎苛刻的外贸经营权审批制度、进口配额和进口许可证制度。在我国谈判入世的时候，有1200种商品进口需进口配额许可证。比如，政府用配额严格控制汽车进口数量，进口商拿不到配额，而不进口汽车的人却拿到了配额，同时国内又有市场需求，因而就诱发走私。因此，在如此关税和贸易管制的情况下，无疑在国内国际两个市场之间构筑了一道看似有效实际却又十分脆弱的堤坝，而走私分子在巨大的利益驱动下，就会铤而走险。

（三）“走私发财论”的影响

走私侵害的利益主体是国家税收和进出口管理政策，是国家的利益，并不直接侵害地方和部门的局部经济利益，相反，一些地方、部门甚至往往能从中得益。走私偷逃的关税属于国税，逃避的许可证件管理也属于国家外贸管制，所以地方没有切肤之痛，甚至有人认为走私可以繁荣地方经济，而对走私案件的处理影响的是地方和部门的实实在在、看得到的经济利益。一些个人或集体为追求自身利益最大化，不惜牺牲国家整体利益，地方利益至高无上，中央和地方利益格局严重错位。因此，一些地方仍然对走私活动存在种种认识偏差，受“哪里走私、哪里发展”和“走私发财论”的错误思想影响，不是通过合法正当的途径来发展地方经济，而是通过走私违法、损害国家利益来作为搞活当地经济的一条捷径。

（四）海关人力资源不足与监管业务增大的矛盾

随着我国改革开放的不断扩大深化和对外贸易经济的迅猛发展，贸易方式日益多样化，开放格局向全方位、深层次方向发展。海关既面临国内产业界和广大守法企业要求简化手续、加速通关的要求，打通口岸瓶颈，又面对着成千上万个集装箱的查验监管任务；既面临入世后难以掌握进口货物的真实成交价格的估价难点，又要面对部分企业进口货物的瞒报、伪报可能性。同时，海关人力资源不足，后续监管难以到位，特别是海关作为国家进出境的监督管理机关，海关人员很容易成为走私分子拉拢腐蚀的重点对象，最终给了走私分子种种可乘之机。

（五）市场监管不严，走私私货有销路

目前，国内流通领域市场监管体系尚未完全形成，全方位、深层次、多角度地跟踪监管进口货物的手段尚未建立，无所不在的私货市场是走私存在的一个重要原因。走私分子走私进境的物品可以轻易地在私货市场上售出，某些经济主体从个人收益的角度出发，愿意收购低于市场价格的走私货物。由于走私从表面上看损害的是国家利益，对普通公民的利益危害是间接的，因而人们对走私危害性的认识也相对模糊，而且现实生活中普通公民未必会直接感受到走私的侵害，反而会从走私中得到好处。这就是为什么公民一提起猖獗的走私就咬牙切齿，但买到物美价廉的私货却沾沾自喜。正是由于这一原因，私货市场、非法

加油站等才会泛滥成灾。

（六）对走私分子惩治、处罚过轻

海关、工商、公安、司法部门之间协调配合机制不顺畅，部分缉私执法部门出于部门利益，走私案件没等进入司法程序就已经在行政程序中进行了处罚，而该追究刑事责任的不追究刑事责任，以税代罚、以罚代刑、注重查扣走私货物的情况尤为突出；一些缉私执法部门把查缉走私的主要精力放在查扣走私货物上，忽略抓获走私嫌疑人，使许多走私者漏网，实际等于放纵走私违法犯罪。这使得走私集团和走私分子抱着侥幸心理，“三次走私，没收一次可以赚钱，没收两次可以保本”，“留得青山在，不怕没柴烧”。而人都有一种从众心理，在看到别人做某事有利时便引发自己也去做的冲动。由于走私导致守法者和违法者的收入出现相当大的差距，其结果是使得更多的人铤而走险去干违法的事。由此，一种走私行为冒险得利后而没有受到判刑，更多的人就会汹涌而至。

目前，“水客”走私尤为突出，这与对“水客”惩处过轻有直接关系。

第三章　我国走私犯罪现状的经济学分析

DI–SAN ZHANG WOGUO ZOUSI FANZUI XIANZHUANG DE JINGJIXUE FENXI

第一节 我国的走私犯罪现状

走私是一种古老的国际性犯罪现象。“只要世界各国、各地区之间存在商品差价，各国、各地区为维护各自的主权和利益对物品的进出境实行管制，走私活动就必然存在。”[①] 我国陆地边境线长达211万多公里，海岸线长约118万公里，这无疑为走私活动提供了广阔的生存空间。可以说，我国的近代史就是一部走私活动横行发展的历史。新中国成立以后，党和政府虽采取了多种措施来遏制走私犯罪蔓延，但由于国际国内各种消极因素的存在，走私活动并未因新中国的成立而完全杜绝。

新中国成立60多年来，我国的走私犯罪活动出现过四次高潮。第一次走私浪潮出现在新中国成立初期。这次的走私高潮主要是国际敌对势力和国内残余反动势力的存在，以及国内外奸商相互勾结所造成的。1950年，全国走私案件高达4万件，到1953年，从中央到地方联合查私，走私犯罪发案率才逐渐下降。第二次高潮形成于1956年，这次高潮出现的原因主要是国际上反共、反社会主义逆流，国内西藏反动势力大肆输入外货，港澳边境地区也取消了入境审批制度，因而为走私大开方便之门。到1957年年底全国走私案件就达10万件之多。后来国务院高度重视，加强查私工作，严格控制外货内流，并在西藏设立海关，使走私活动得到迅速的遏制，走私案件数量到1960年才有所下降。第三次高潮形成于1961年，其主要原因是由于国民经济严重困难，物资供应紧张而放宽了对进口

① 莫开勤、颜茂昆主编：《走私犯罪》，中国人民公安大学出版社1999年版，第1页。

货物数量的限制。1961 年、1962 年查获的走私案件均达 4 万件左右，1963 年国家开始加强市场管理和联合查私，并加强公安边防工作，使走私犯罪有所收敛，到 1965 年全国走私案件又下降到 1 万件左右。第四次高潮是改革开放以来，形成了新中国成立以来最严重的走私高潮。这次走私高潮是随着我国实行对外开放、对内搞活的经济政策而发生和发展的，大致可以分为四个阶段。第一阶段是 20 世纪 80 年代中期。这一时期主要是东南沿海地区的群众进行大规模走私，走私入境的主要是港澳台地区生产的质量低劣的手表、计算器、收录机、黑白电视机等；走私出境的商品主要是黄金、白银等。走私的手段主要是用渔船在海上进行偷运和旅客随身携带。第二阶段是 20 世纪 80 年代中期到 80 年代末。这一时期，走私进口的物品多为彩电、汽车等机电产品；走私出口的物品主要是文物、字画、珍稀动物等。这一时期武器和毒品走私也开始出现并日趋严重。同时，许多国家机关、企事业单位为了追求局部经济，也参与了走私活动。单位走私不仅案值大而且因其具有各种便利条件，成功率高，败露后也常受到庇护，有些地区的单位走私犯罪甚至达到无所顾忌的地步。走私的手段逐渐发展到利用商业瞒骗手法，通过货运渠道进行走私。第三阶段是 20 世纪 90 年代初期到 1998 年全国打私会议前。这一阶段以企事业单位、群众及集团性走私为主，形成了走私活动势头极为猛烈的新高潮。进入 20 世纪 90 年代，法人走私越来越突出，比例逐年攀升。以企事业单位为走私主体的法人走私案件增长迅猛，其案值已占查获走私案值的 80% 以上。走私的手段呈现集团化、专业化、智能化。第四阶段是 1998 年全国打私会议至今，这一阶段走私的总体规模有所下降，查获大要案件数量下降，但群众性“蚂蚁搬家式”企业走私攀升，重点、敏感商品及生产性原材料走私极为严重。走私反侦查和利用高科技并寻找法律漏洞较为明显。金融监管不完善，导致走私“黑金”国际洗钱严重，虽然表现不明显，实则暗流涌动，并表现出“装、运、销”走私一条龙及走私网等特征，并且有较大的反复性和不间断性，地区间反复出现国内急需商品如成品油、汽车、生产原材料等走私浪潮，具有较大的破坏性。[①] 可以说，各种形式的走私活动不断涌现，屡禁不止。

一、现阶段我国走私犯罪的主要表现形式

在我国，对走私犯罪的表现形式有两种分类标准。一种是刑法学上的分类，另一种则是犯罪学上的分类。刑法学对走私犯罪的分类是严格根据刑法的规定对走私犯罪进行划分的。根据走私对象的不同，将走私罪分为：走私武器弹药罪，走私核材料罪，走私假币罪，走私文物罪，走私贵重金属罪，走私珍贵动物、动物制品罪，走私国家禁止进出口货物、物品罪，走私淫秽物品罪，走私普通货物、物品罪，走私废物罪等。《中华人民共和国刑法修正案（四）》（以下简称《刑法修正案（四）》）将《中华人民共和国刑法》（以下简称《刑法》）第一百五十五条修改为：“下列行为，以走私罪论处，依照本节的有关规定处罚：（一）直接向走私人非法收购国家禁止进口物品的，或者直接向走私人非法收购走私进口的其他货物、物品，数额较大的；（二）在内海、领海、界河、界湖运输、收购、贩卖国家禁止进出口物品的，或者运输、收购、贩卖国家限制进出口货物、物品，数额较大，没有合法证明

---

① 王飞：《论建立联合缉私体制》，参见 http://www.dsb.gd.gov.cn/1_luntan/16.htm。

的。”犯罪学针对走私犯罪的现象、原因及预防，采用不同的分类标准。根据走私性质，分为政治性走私、经济性走私和意识形态性走私，其中经济性走私又分为贸易性走私、非贸易性走私、牟利性走私和非牟利性走私。根据走私行为方式，分为通关走私、绕关走私、后续走私和准走私，或分为伪报、藏匿、偷运（海上偷运、绕越设关地）、倒卖和其他走私方式。根据走私的组织形式，分为集团走私、团伙走私、合伙走私、水客走私、个人走私、法人走私和其他组织走私。根据走私渠道，分为货运渠道（加工贸易、其他贸易）、海上走私、沿边走私、内河走私、行李渠道走私、邮递渠道走私和其他渠道走私等。[①] 在实践中，我们通常所说的走私犯罪的主要表现形式是就犯罪学意义上的分类而言的，主要包括以下几种：

（一）通关走私

通关走私是指通过设立海关的进出口口岸，以隐蔽的方式逃避海关监管，偷运应税、禁止、限制货物或物品进出境的行为。依照海关法律的规定，进出境的货物、物品和运输工具必须接受海关监管，因此，要想在通关环节逃避海关监管，达到走私进境的目的，必须采用伪报、藏匿、蒙混和闯关等隐蔽而不被海关察觉的方法进行。

1. 伪报是指表面上接受海关监管，向海关进行申报，但不如实申报，是一种隐瞒真实情况的申报，具有很大的欺骗性。常见的伪报内容有：货物或物品的名称、数量、规格、原产地、贸易性质等。

2. 藏匿是将携运的进出境货物或物品隐藏在允许进出境物件的某一个部位，随该物件一同进出境，逃避海关监

① 李春：《析我国当前走私犯罪》，载于《云南警官学院学报》2005 年第 4 期。

管。由于藏匿的部位和特点不同，它又分为四种形式。一是挖空藏匿。它是利用物件某个部位的一定的厚度，经过加工挖出一个适当的空位，藏入走私货物并弥合切口。二是夹藏。它是指利用物件结构的自然空隙藏入物品的方法，可能出现自然空隙的情况有物件结构形成的自然空隙，还有拆除物件结构中某些配件而形成的人为空间。三是人身人体藏匿。它是利用人体外部和服饰隐藏或绑扎物品的方法。人体藏匿一般是利用人体内腔部位隐藏物品。走私者利用如肛门、阴道、肠胃和口腔等人体部位进行走私。四是特制工具藏匿。它是利用专门为走私需要并经过专用设备加工而制成的特别物件隐藏走私物品的方法。特制的含义是指具有一种行业性技能或行业性加工设备，在生产加工过程中将物品藏入物体的专门制造，如手提箱在制作过程中藏入毒品。挖空和人为空隙的形式不属于特制。

3. 蒙混包括变形蒙混和伪装蒙混两种方式。前者是指利用走私物品的可塑性和延展性，改变物品的原来形象，如把黄金加工变形镀色制成日用器皿。后者是指运用同走私物品体形、色泽相似的物品包装、形状或颜色掩护走私物品进行蒙混。

4. 闯关是指行为人既不向海关申报，又未藏匿应申报货物或物品，利用海关监管的某些制度漏洞，乘机携运货物或物品进出境的一种方法。闯关走私主要发生在旅客进出境过程中，走私者利用海关红绿色通道制度允许旅客选择绿色无申报通道进出境的便利，将国家应税、禁止或限制的货物物品携带进出境。

（二）绕关走私

绕关走私是指走私分子为逃避海关检查，在没有设立海关或者边境检查站的地点，运输、携带普通货物、物品进出境。绕关走私只能发生在国（边）境线上，包括陆地国（边）境和水域国（边）境。陆地走私是沿着陆路边防线进行的，以西南边境走私最为严重。我国的陆地边境线绵延数千公里，且地势复杂，有些地区密林丛生，险崖林立，是走私犯罪分子经常选择的路径。另外，广阔的海疆也是走私犯罪分子的“黄金水道”。东北部海域一带主要是从韩国、日本走私的汽车、成品油、香烟、电器等产品的集散地。东海一带主要是港、台及东南亚走私团伙的“热土”，常见的走私物品是汽车、电器、电脑元器件、香烟等。南海走私最为严重的地方是珠江口和珠江水域。走私者利用珠江水系可通航里程长、可卸货地点多的特点，利用来往港澳的小型船舶在未设关地点偷卸走私进口货物。珠江水域走私的主要物品除成品油、食油、化工原料、家电外，主要是汽车。

（三）后续走私

后续走私，是指违反海关后续管理的走私活动。《刑法》第一百五十四条规定：“下列走私行为，根据本节规定构成犯罪的，依照本法第一百五十三条的规定定罪处罚：

（一）未经海关许可并且未补缴应缴税额，擅自将批准进口的来料加工、来件装配、补偿贸易的原材料、零件、制成品、设备等保税货物，在境内销售牟利的；

（二）未经海关许可并且未补缴应缴税额，擅自将特定减税、免税进口的货物、物品，在境内销售牟利的。”

可见，后续走私行为具有如下特征：

1. 后续走私的对象只能是经批准进口的保税货物和特定减税、免税进口的货物或物品。这里所谓的“保税货物”，根据《海关法》第五十七条第四款的规定，“是指经海关批准未办理纳税手续进境，在境内储存、加工、装配后复运出境的货物”。保税货物入境时未缴纳关税，因此不能像其他国内商品一样可以在市场上自由流通，如果因客观情况发生变化，保税货物不能复运出境而需转入国内市场的，必须事先经过海关批准并补缴关税，如果行为人不经允许擅自采取隐瞒、欺骗等手段在境内出售的，即属于走私行为。

2. 后续走私的行为方式具有多样性。具体而言有：一是未经海关许可并补缴关税，擅自出售特许进口的保税货物、其他海关监管的货物或者进境的境外运输工具；二是擅自出售特定减税或免税进口用于特定企业、特定用途的货物，或者将特定减税免税进口用于特定地区的货物擅自运往境内的其他地区；三是擅自将批准进口的来料加工、来料装配、补偿贸易的原材料、零件、制成品、设备等保税货物，在境内销售牟利；四是假借捐赠名义进口货物、物品，或者未经海关许可并补缴关税，擅自将捐赠进口的货物、物品或其他特定减税、免税进口的货物、物品，在境内销售牟利。

3. 后续走私的主观方面表现为故意性。后续走私人在主观上也有走私故意，表现为明知自己未经海关许可并补缴应缴税额，而擅自将批准进口的保税货物或者特定减税、免税的货物、物品在境内销售的行为危害国家的对外贸易管制，仍决意为之。行为人实施这一行为的目的在于牟利。出于其他目的实施这一行为的，不构成犯罪。

（四）间接走私

间接走私，也叫准走私、牵连走私，即《刑法》第一百五十五条第一款和第二款所列举的两种行为：

“（一）直接向走私人非法收购国家禁止进口物品的，

或者直接向走私人非法收购走私进口的其他货物、物品，数额较大的；

（二）在内海、领海运输、收购、贩卖国家禁止进出口物品的，或者运输、收购、贩卖国家限制进出口货物、物品，数额较大，没有合法证明的。”

《刑法修正案（四）》对此作了修改，将《刑法》第一百五十五条修改为：“下列行为，以走私罪论处，依照本节的有关规定处罚：（一）直接向走私人非法收购国家禁止进口物品的，或者直接向走私人非法收购走私进口的其他货物、物品，数额较大的；（二）在内海、领海、界河、界湖运输、收购、贩卖国家禁止进出口物品的，或者运输、收购、贩卖国家限制进出口货物、物品，数额较大，没有合法证明的。”这里的“直接向走私人非法收购”是指明知对方是走私分子，并且直接向其收购走私货物、物品；“没有合法证明”是指没有能证明合法运输上述物品的一切文件，如发票，货票，海关或有关行政、商业机构的证明或介绍信等，或使用不符合我国规定的进出口许可证的。根据我国法律的规定，进出口商品一般必须从国家指定机关领取进出口许可证，但经国家批准的、有权经营进出口业务的单位，在其批准的经营范围内，可以凭进出口单证进出境，既无“许可证”又无“单证”的，即属没有合法证明的，行为人的行为构成走私。走私犯罪的本质在于违反海关法规，逃避海关监管、检查，破坏我国的对外贸易管制，因此，严格来说，上述所列行为属于贩私行为，并不具备这个特征。《刑法》之所以将直接向走私犯非法收购私货的行为视为走私，是因为这类贩私行为人实际上帮助走私犯罪分子完成了走私过程，其行为与走私行为密切相关。正是由于这种行为的存在，才使走私的货物、物品能够迅速地被销售和扩散，使走私犯罪分子获得非法利益，同时，这类准走私行为人也通过贩卖私货的行为，从中牟取非法利益。近年来，由于一些主要走私货物、物品的集散地和沿海海域形成了地下走私市场，这类准走私行为从中起到了很大的作用，从而为走私犯罪提供了极大的便利。因此，间接走私行为已成为走私犯罪的一个不可分割的部分，同走私行为一样，破坏了国家的对外贸易管制。

（五）集团走私

走私集团是为了长期从事走私活动而建立起来的具有相对稳定性的一种组织。它是专门从事走私的犯罪组织。走私集团的主要特点是组织分工明确，纪律严明，首要分子遥控指挥，核心人员紧密配合，资金雄厚，人员齐备，走私规模大，通讯设备先进。国际走私集团还拥有自己的专用运输工具、武装保安人员和其他必备仪器装置。有的走私集团建立了运私线、联络站、销售网和预防失手措施。他们经常以一地为中心，以四周的国家或地区为目标，进行走私贩私活动。湛江、厦门特大走私案就是走私集团犯罪案件。湛江走私案中以李深、张猗、林春华、邓崇安、陈励深为首的三个犯罪集团最为猖獗，他们号称“报关大王”、“走私油大王”、“走私车大王”，这些走私分子拥有自己的船队和仓储码头，可以一条龙作业，并拉拢腐蚀政府官员，为走私打通关节。短短两三年间，湛江地区的走私案值就超过100亿元，偷逃税额达60多亿元。[1]

（六）单位走私

单位走私又叫法人走私。随着对外开放和外贸体制的

---

① 参见 http：//qddsw. com/news/view. asp？id = 214。

改革，灵活多样的外贸形式使更多的单位参加经营外贸业务，因而单位走私的现象也随之增多。一些单位为了本部门或小集体的利益，打着“开放搞活”的旗号，凭借国家或集体的雄厚资金、为“公”的合法招牌、一定的权势、广泛的工作关系以及可以利用的各种方便条件，进行走私违法活动，严重地损害了国家的整体利益。

单位走私一般有以下特点：

1. 数额巨大。单位走私一般是资金雄厚，关系广，能量大，走私货物数量大、价值高，多是私货价值达几十万、几百万的大案，甚至是上千万元的特大案件。

2. 以“合法”掩护非法。单位的走私活动，多是在正常外贸活动的掩护下，打着正常贸易、为国家争取外汇等合法旗号，想方设法地逃避国家许可证管理制度、逃避海关监管，非法进出口国家限制进出口商品，从中牟取暴利。如披着进口零部件的“合法”外衣，进口整机件、组装件，以达到逃证逃税的目的。

3. 偷逃关税。除了逃证以外，偷逃关税又是单位走私的一大特点。单位走私进口货物，大多是在偷逃关税方面打主意，如把应税货物伪报为免税货物、高税率货物报为低税率货物或少报征税货物的价格或数量等，通过偷逃关税来牟取本单位小集体的利益。

4. 内外勾结。单位走私大多发生在正常的外贸活动中，正常的外贸活动是由国内单位同境外商人洽谈生意，签订贸易合同或协议才能进行的。因此，往往是国内单位与境外商人内外勾结、串通一气，密谋进行走私，通过欺骗并逃避海关监管来达到其走私目的。

5. 查处难度大。单位的走私活动，常常打着“搞活经济”、“为公”的招牌，走私违法与利用权力相结合、非法手段与“合法”手段相交叉，利用各种假象和“合法”的伪装掩盖其违法事实，具有很大的欺骗性和隐蔽性，不仅在本单位职工中得到某些支持，而且有些不明规定的上级主管部门也会盲目地认为这些单位经营有方而加以默许。由于这些走私的单位有的有权势或“后台”的“支持”、有的有各种“关系”的“照顾”，给查处工作带来阻力和困难。

6. 危害性大。单位搞起走私活动来，其能量远比社会上的走私分子要大，其所造成的危害也远远超过个人走私所造成的危害。

（七）水客走私

水客走私又称为单帮走私，从事水客走私的人进出境较为方便，熟悉两地的价格行情，专带差价较大的商品，数量不大，但进出境次数多，妨碍了国家对进出境的管理，损害了国家经济利益，在走私活动中较为特殊。如沙头角中英街是我国仅有的两个非正式性口岸之一。水客受雇于禁区内外的商贩，为雇主捎带货物出境从中赚取劳务费。劳务费视其所携带的物品价值而定。中英街桥头的水客由来已久，早在新中国成立前， 般当地居民就从中英街贩些商品到镇外倒卖，到20世纪90年代，水客的性质没有改变，99%的水客均为当地人。然而近年来，镇内外一些不法分子利用水客进行走私。他们雇佣大量的水客将走私货品化整为零，从中英街带到镇外，水客从中收取劳务费。目前，水客走私发展为“职业化、规模化、团体化”。有的“水客”以帮人携带走私物品为职业，利用多次出入境的便利条件，帮助他人走私芯片、iphone、ipad等高科技产品。水客走私现成为口岸走私的主要形式。

二、现阶段我国走私犯罪的主要特点

纵观近几年来我国境内走私活动的发展过程和表现形

式，我国走私犯罪在犯罪率、犯罪主体、犯罪对象、犯罪手法、犯罪工具等方面表现出如下新特点：

1. 走私犯罪活动屡禁不止。从近20年有关走私活动的统计资料看，走私案件的数量、大案要案的数量或者案值均呈上升趋势。从数量上看，1999年上半年（至6月底）公安边防部队查获走私案件1444起，案值2.3亿元，与1998年同期相比增长5.7倍。从1998年开始，国家明显加大了打击走私的力度，但从走私规模看，走私犯罪已由20世纪80年代初主要发生在沿海一带发展到内地20多个省份，走私物品的价值更是越来越大。过去案值几万元、几十万元的案件已算是大案，上百万元的走私案件则可算是特大案件，而现在走私案值上百万元，或上千万元，甚至上亿元。如广西1993年查处的一起走私汽车进口案，走私案值达人民币1.5亿元之多；1999年7月广州市中级人民法院审结的穗港数名不法之徒走私黄金珠宝首饰案案值达5.7亿元，逃税3亿多元；1999年5月12日，广州、湛江、茂名、深圳、佛山5市中级人民法院根据广东省高级人民法院指定一审审结的湛江特大走私案，更是以走私案值达100多亿元、偷逃关税60多亿元而一度创下新中国成立以来走私规模之最。但这一记录很快就被2001年审结的厦门特大走私案打破。厦门走私案走私货物价值高达500多亿元，偷逃税款达300亿元。而且这种大案要案在2002年继续呈蔓延趋势。2002年，海关查获案值千万元以上的重大、特大走私案件56起，案值30.5亿元，同比分别增长24%和1.2倍。其中，亿元以上现行特大案件9起，案值18.9亿元，分别增长80%和

2.4倍。[1] 当然，随着一系列走私大案、要案的侦破审结，走私犯罪的严重态势已得到遏制，但仍活动频繁。

2. 走私物品类型日益多样化。改革开放之初到20世纪80年代末，走私物品以电子表、计算器、录音机、电视机、汽车、洋烟等一般货物为主。而20世纪90年代以来，在暴利的刺激下，走私物品的类型出现了多样化的势头。近年来，走私物品的种类越来越多，几乎囊括了生产资料、生活资料、文化产品、文物、毒品等各个种类，并且随着市场的变化而变化。在涉税物品走私方面，走私量较大的有香烟、酒类、汽车及零配件、机械产品类、食品的冻品类等。在非涉税物品走私方面，有毒品、文物、濒危动植物（世界动植物保护组织禁止进出口的濒临灭绝的动物和植物）以及保护知识产权内的非法伪造品、假冒伪劣品等。近期，非法光盘生产之类的违背知识产权法规的走私行为增多，废物、毒品等非涉税走私案件呈增长之势。重点海域还出现了近年来少见的成千上万吨成品油走私案。

3. 走私的渠道越来越多。首先是利用非设关码头装卸私货，不经过设关地点进出边境。装卸私货的非设关码头几乎遍布沿海各地。在珠江口水域，来往港澳的小型船舶、渔船、小艇在沿海非设关的港口、码头偷卸私货的情况时有发生，仅1995年一年广州海关就查获来往港澳小型船舶走私案件79起，案值人民币1.3亿元，比1994年同期分别增长155%和247%。[2] 此外，福建、浙江的一些渔船、运输船到日本、韩国海域或其附近公海接运私货

---

① 参见 http://www.legaldaily.com.cn/gb/content/2003-01/14/content_50043.htm。

② 唐志：《沿海地区走私活动之探究》，载于《山西警官高等专科学校学报》2002年第4期。

后，向我国北方沿海各省走私的情况也时有发生。其次是走私分子虽然经过设关地点，但用藏匿、伪装的方法运输、携带私货。有的利用信件邮寄有关私物；有的通过海上、陆路、机场走私；有的采取欺骗、蒙混、伪报、假冒、捐赠等名义走私；还有的利用党政军警、执法部门的关系进行走私。

4. 犯罪手法推陈出新，形式多样。中国加入世界贸易组织以后，海关原有的对进口商品估价方式改为执行《海关估价协定》，该协定要求海关必须按货物实际成交价征收关税，因而一些不法商人趁机在货物进口时伪报、瞒报实际成交价格，达到逃避关税的目的。目前，此类案件当事人多为法人，他们一般为代理性质；案件标的物多以高税、高价值的商品为主；瞒骗手段多种多样，从过去制作两套单证，发展为洗单、洗货、代销等更为隐蔽的方式，有的玩出“空手道”假合资之名进口机器设备偷逃关税；有的通过修改设备的技术参数骗取免税指标；还有的更改原产地，制造假舱单，利用企业的境内外特殊经济关系，转移支付、转移利润，偷逃海关税收和外汇管制。特别是洗单的手法更具隐蔽性，走私分子利用特殊商业关系与境外不法中转商勾结，在货物转口进境时，由中转商隐匿原始单证，以中转商的名义开具虚假单证，供走私分子在国内报关时使用。

5. 走私工具专业化，走私活动暴力化。化整为零式团伙走私在组织工具上具有新特点，如“蚂蚁搬家”走私加大渔船油箱，特设暗格，在船底加制包箱、沉箱，船体的改装非常隐蔽，还制造了一种叫做“飞机仔”的橄榄形小铁壳船，装有大马力发动机，航速快、行动灵活。现缴获的铁甲飞艇“大飞”等昂贵的走私工具也具备了相当的科技含量。有的走私分子甚至不惜花费重金，购置了 4800

匹马力的我军退役的导弹船艇，配备了高科技的通讯、导航设备，装备有警械、枪支、炸药等武器。工具的完备导致走私分子作案方式的暴力程度加强。“犯罪分子作案时不仅使用刀棍、石块，而且使用枪支、炸药等武器，公然以暴力对抗我缉私船只和缉私人员。”① 甚至有的走私分子煽动群众暴力对抗缉私，围攻殴打缉私人员，抢夺民警枪支，用大船撞沉我缉私船。

6. 犯罪形式组织化，反侦查意识越来越强。在犯罪形式上，走私作业购、运、储、销一条龙，有的实行股份制，有的采取海上加油、陆上付款、电话遥控等方式进行，走私活动已经由个人的、分散的、“游击”性质发展成为群众性、团伙型乃至集团型的形态。不少地方出现一个乡、一个镇、一个村走私的严重情况。与此同时，港澳台等境外走私分子借群众参与走私之便，在与内地走私团伙策划后，组成组织严密的走私集团，坐镇境外指挥，雇佣“马仔”运送私货。这些走私集团有严格的组织纪律、较多的成员和巨额资金。他们用暗号密码进行接头联系，甚至建立“地下运输线”和秘密联络点，有的走私活动遍及国内若干省、市和国外不少国家与地区，拥有自己的运输工具、接转站和专用通讯联络设备等，活动能量非常大。为了逃避法律制裁，专业化走私团伙行动时，都有专人放风，将哨一直布到海关、边防、工商等执法部门的门口，具有强烈的反侦查意识。

7. 走私犯罪成员复杂化。参与走私的犯罪分子已经从一般群众到国家干部，从自然人到法人，从国（境）内到国（境）外，形成内外勾结、城乡勾结的走私网络和地下

① 黄利红：《走私犯罪特点、原因和对策》，载于《犯罪与改造研究》2000 年第 3 期。

运输通道。其具体表现为：一是沿海的农民、渔民和闽浙走私分子相互勾结，共同作案；二是单位内部职工与犯罪分子相互勾结；三是执法部门、政府部门或其领导与走私分子相勾结，共同犯罪；四是内地与境外犯罪分子相勾结。其中，由法人和政府参与的走私犯罪表现得尤为突出。近年来，我国一些社会影响较大的走私犯罪都体现了二者的结合，如广东湛江特大走私案和福建厦门“远华”特大走私案等。这些法人走私案件，从犯罪规模、犯罪数额到社会危害性，都远远超过自然人所实施的犯罪。

第二节　我国走私犯罪的经济影响

走私犯罪活动是破坏社会主义市场经济秩序的一种严重犯罪。走私是在阶级社会商品生产和商品交换的发展过程中产生的一种社会现象。走私犯罪是境内外不法分子为谋取非法利润，利用各国间商品差价，采取各种手段，逃避国家对外贸易管制，偷运走私货物、物品进出国境的行为。这种行为不仅危害国家边境管理，破坏国家对外贸易管制，扰乱国内市场，破坏社会主义经济建设，而且危害社会治安，腐蚀人们的身心健康。所以，必须充分认识走私犯罪的社会危害性，以有利于对走私犯罪的预防和打击。当前，走私犯罪的危害性主要表现在以下几个方面。

一、偷逃国家税收，影响国家财政收入

纵观历史，无论是哪一类国家，税收无不是国家最有力的财政工具和调节经济的重要杠杆。关税是税收的一种，供给品不论是国内生产，还是国外进口，都要交纳关税。关税直接缴入国库，能增加国家的财政收入。而走私犯罪活动最明显的特征就是逃避国家关税，当前最热门的

走私商品也就是国家征收关税较重的商品，走私所带来的国家税收损失是非常严重的。以汽车为例，我国从1985年起就对汽车实行高关税，然而高关税诱发了走私者的铤而走险。走私分子有的通过非设关的码头、口岸内外勾结，走私进口，有的则利用各种优惠政策走私。根据有关部门的统计，1995年韩国官方统计出口到我国的小汽车数量是1.8万多台，而我国海关同期统计从韩国进口小汽车数量是380多台。也就是说，几乎98%的韩国小汽车是通过走私渠道进入我国的。成品油走私也偷逃了大量关税，以一艘万吨邮轮走私可偷逃国家海关税收400万元计算，仅1998年1～8月份，走私成品油就偷逃国家税款近80亿元。对于这些走私犯罪，我国虽然不断加大打击力度，但查缉的走私案件只是实际走私案件的“冰山一角”。[①] 1997年海关共查获走私案件1446起，追缉被偷逃的税款总额为14.85亿元人民币；而未被查获的偷逃税款，以经验估算，至少在此数额的一倍以上。1998年1～11月，香港运往中国内地非正常贸易的轻质柴油为590万吨，即以其140美元/吨的价格作为CIF价格，国家将从中收取关税4.11亿元、消费税5.9亿元、增值税13.36亿元，共23.37亿元。而按照国际上通常采用的一种走私量值的测算方法，即缉私部门查获数为实际走私的量值的10%计算，尽管1998年全国缉私执法部门查获的走私案值为208亿元，但是1998年实际走私总量应该在2000多亿元，大约偷逃国家税款600多亿元。[②] 可见，由于走私所漏收的关税已经达到一个天文数字。而且随着我国对外贸易量的日益

① 唐志：《沿海地区走私活动之探究》，载于《山西警官高等专科学校学报》2002年第4期。

② 高融昆著：《中国海关的制度创新和管理变革》，经济管理出版社2002年版，第103页。

扩大，海关征收的关税和其他税费的比重越来越大，走私品不通过海关进出口将更进一步地危及国家税收。湛江走私案一起涉案案值超100亿，厦门走私案更刷新了前者，案值超400亿，这些大案、要案使国家税款流失惨重。总之，走私案件的频繁发生，使国家失去了重要的财政收入来源，严重地损害国家经济利益，给国家经济带来巨大损失。

二、造成巨额资产外流，破坏我国对外贸易

"国民生产总值的增长是由供给推动和需求拉动实现的，其中出口需求是总需求的一个很重要的组成部分。"[①] 在我国，发展对外贸易的关键是增加出口，就是根据我国的实际情况和国际市场的要求，严格按照对外贸易管理的体制，统一进行安排。但是走私贩私活动将大量的黄金白银、名贵药材等非法出口。尤其是某些单位不通过国家外贸部门，非法抢购上述物品，大量偷运出口，以低于国家正常出口价格卖给外商，直接造成国家财产和经济收益上的严重损失。而且将国内货物、物品走私出境，还会严重影响其他外贸经营者的正当权利，使一些与我国做正当生意的外商由于受到来自我国的走私货物的冲击，导致同类产品的价格大幅度下跌，遭受重大损失，从而影响我国商品在其他国家的声誉，破坏对外贸易秩序。同时，在对外贸易中，黄金、白银、外汇是国家进口物资用以对外支付的重要货币。如果这些重要货币的储蓄减少，就意味着国家外贸支付能力减弱。为此，对黄金、白银、外汇的流通和使用，以及对进口设备和各种物资，国家都规定了严格的管理办法，然而走私活动造成大量的黄金白银外流及大

---

① 周天勇：《在反走私中保持国民经济的健康运行和持续增长》，载于《理论前沿》1998年第19期。

量的外汇得不到合理的使用，严重削弱了我国的经济实力。

三、影响我国国内需求对国民经济增长的拉动，进而影响国民生产总值的增长速度

“我国面临的一个很大问题是扩大内需，拉动经济发展。”① 而“走私商品既不使国内生产能力增加，也没有创造出口需求，相反还挤占和消化了部分国内需求，严重影响了本国经济的持续增长。”②1997 年，我国的经济增长率为 8.8%，其中有 2.8 个百分点是靠出口拉动的，剩下的 6 个百分点是靠国内需求拉动的。1998 年，国家为确保国民经济增长 8% 以及人民币汇率保持稳定等宏观目标的实现，加大出口力度和刺激国内需求，控制进口。但由于亚洲金融危机的持续影响和人民币不贬值的承诺，对外出口额呈下降趋势。在这种形势下，走私活动对国民经济的增长和拉动来讲无疑是雪上加霜。如在广西外贸走私进口原糖加工白糖案中，由于 120 吨走私白糖全部销往国内市场，从而挤垮了全国食糖业。石油及其产品的走私也给国民经济造成相当大的震荡。1998 年上半年，由于国际市场成品油走私进入我国，使我国石油工业受到重创，直接威胁到我国国民经济 8% 的增长速度。从国家有关部门公布的财政收入情况看，1998 年上半年在全国大型企业亏损的 88 亿元中，中国石油天然气总公司、中国石油化工总公司及海洋石油总公司就占了 40 亿元，而在 1997 年，中国石油天然气总公司及中国石化总公司还是国家的利税大户，上缴

---

① 逸民：《走私——阻碍经济发展的毒瘤》，载于《时事》1998 年第 6 期。

② 金泽虎：《从关税保护原理看走私的负面影响》，载于《铜陵财经专科学校学报》1999 年第 2 期。

国家利税185亿元。此外，走私化工产品的冲击，导致国内需求不旺，1998年1～4月份，我国化工产品平销和滞销的占80%以上。[①] 而亚洲的一些国家近年国民经济增长速度放慢，与出口受阻和进口过多有很大的关系。因此，若任凭走私进口继续泛滥，我们就无法用国内需求去拉动国民经济的持续增长，也无法保持人民币币值的稳定。

四、导致我国供给过剩，一度陷于经济萧条局面

从经济运行的角度看，走私商品对于进口国来说就是增加总供给，在总需求大于总供给时，它可能有平抑物价上涨的作用。但是，“在总供给大于总需求时，如果任其走私，将会使总供给更加过剩，致使国民经济陷入程度不同的萧条状态。”[②] 目前，由于几十年来各国工业生产能力的建设和东南亚一些国家出口导向发展战略的实施，全球从工业原材料、农产品、石油煤炭等初级产品，到食品、纺织、钢铁等初级加工工业产品，再到机床、汽车、电子等中高级加工工业产品，其生产能力都大大过剩。因此，在工业化和正在工业化的国家里，其国民经济运行中总供给与总需求能否平衡，主要不是取决于产品的进口，而是取决于其相当一部分产品能不能出口。如果一个国家总供给已经大于总需求，出口不畅，反而有大量的走私产品非法进口，那么，这个国家的经济生活中会出现产品大量积压、生产能力闲置、通货紧缩、物价低迷、生产企业和商业企业无利可图的萧条局面。1997年，我国国民经济运行出现了总供给大于总需求的苗头。其中一个很重要的原因

---

① 姜善模：《走私犯罪对我国经济发展的影响》，载于《山东公安专科学校学报》1999年第2期。

② 姜善模：《走私犯罪对我国经济发展的影响》，载于《山东公安专科学校学报》1999年第2期。

是非法走私活动猖獗。大量的非法走私商品消耗了国内正常的投资需求和消费需求。

五、破坏市场经济秩序，严重威胁民族工业的生存发展

市场经济的有序进行，是全面推进社会主义各项建设事业的基础，而走私侵犯的客体从广义上讲就是我国的市场经济秩序。在市场竞争机制下，谁的产品成本低，谁就有可能占领市场甚至垄断市场，打败竞争对手。而走私货物由于没有关税障碍，成本低，因此除了获得可观的利润外，还可以低价与其他商业主体在市场上进行竞争，其经营者在市场中处于优越地位。这种通过非法手段获得的优势竞争地位不仅损害了其他合法经营者的利益，而且破坏了对外贸易的平等关系和公平竞争关系。同时由于走私分子行为短期化的特征很明显，通常是打一枪换一个地方，捞足了就一走了之，他们的大量活动也必将使整个市场秩序陷入混乱。在我国，汽车、钢材、成品油、胶合板、感光材料等物资走私，不仅严重冲击了我国正常的进出口贸易，扰乱了国内市场秩序，破坏了市场经济公平竞争原则和对外开放环境，干扰了市场进入和退出规则的实施，而且压缩了国内产品消费的增长空间，恶化了我国改革和发展的经营环境，特别是使一些原本守法经营的企业靠合法经营难以为继，一些面临困难的国有企业更是雪上加霜。1996 年、1997 年走私食品油大举进犯国内市场，每月进入国内市场的走私食品油有 1 万吨，占正常贸易进口的一半。在上海，当时从两广、福建、浙江地区走私进来的毛豆油、精制油，每吨比当时的市场低价低一两百元。特别是 1998 年上半年，受走私货物的冲击，上海油脂企业油品大量积压，企业开工不足，销售不畅，由此造成 1.5 亿

元企业资金被占压，随之而来的便是减产、停产，仅两个月企业就减产16000吨，由于停产，职工大量下岗给企业造成的直接经济损失达400万元。中国化纤行业也未能幸免，1997年化纤行业亏损的企业就有381家，占全行业的28.3%。1998年1~8月，有关部门对17个省市的13家国有化纤企业抽样调查显示，亏损企业面占60.18%。[①] 可以说，在残酷竞争的市场中，大量的走私产品对于困境中的国产品无异于当头一击，而且它所带来的负面效应如同多米诺骨牌，影响的不仅是企业本身，而且破坏了正常的市场秩序。试想在这种市场价格条件下，经营者还会去通过合法的途径进口那些价格高于市场价格的商品吗？于是他要么不再经营，要么也去走私，除此无他。而一旦选择走私则必然造成一种恶性循环：走私冲击市场，合法经营无利可图甚至亏本，冒险走私，走私猖獗，更严重冲击市场……这样循环下来，不仅打击、损害了民族工业，使民族工业难以发展，而且严重扰乱市场秩序，破坏国家的宏观调控和市场管理。

六、走私猖獗带来其他一系列的社会经济问题

走私所带来的不良社会经济后果是连锁性的：走私商品多，导致市场无序，出现了商家们宁愿让利而不愿让市场的恶性竞争的局面，纷纷打减价战，致使价格滑落，甚至低于成本价。价格水平持续走低，使得许多企业的盈利水平下降，经济效益下滑。一些市场竞争力不强、成本费用较高的企业亏损增大，许多企业关门不得不收缩生产能力，减少产量，甚至一些企业关门停产，从而使全国的就

① 朱朝晖：《以国门的名义——走私与反走私的九个瞬间》，载于《中国海关》2004年第12期。

业机会不但不能增加，反而导致一些正常在岗员工失去就业机会。如1995年由于走私胶合板活动猖獗，直接导致国内最大的胶合板生产厂濒临破产的边缘，企业员工只好停工待业，连基本的生活都得不到保障。而在1997年到1998年两年间，由于走私进口减少的就业机会就在200万个以上。[①] 就业机会减少和下岗员工增多，相应地导致消费信心降低，进而影响整个消费品市场。由于企业效益不佳，农产品收购价格必然会偏低，从而导致农民增产不增收。农民收入减少，使得农业再投入减少和农村市场疲软，进而影响农业生产扩大和农村工业品市场开拓。同时，走私的非市场性、非效率性和无序性的黑色收入，也会造成收入分配不公、财富分配不合理的状态，增加了社会的不稳定因素。除此之外，还会引发其他一些严重的社会问题。首先是随着走私活动的日益猖獗，大量的淫秽物品、毒品偷运入境，不仅毒害人们的身心健康，腐蚀人们的思想，败坏社会风气，而且容易诱发性犯罪、暴力犯罪、嫖娼、卖淫、吸毒等一系列犯罪活动。“大量材料说明，走私活动猖獗的地方，严重扰乱社会治安的抢劫、凶杀、盗窃、强奸等犯罪活动也大幅度上升。”[②] 其次是武器弹药、核材料等杀伤性极大的物品走私，对国家安全和人民的生命财产安全影响重大，一旦这些物品走私入境落入社会上不安定分子手中，或走私出境落入敌对国家及敌对分子手中，会增强敌对势力的破坏力量，严重威胁国家的安全。[③]

---

① 周天勇：《在反走私中保持国民经济的健康运行和持续发展》，载于《理论前沿》1998年第19期。

② 唐志：《沿海地区走私活动之探究》，载于《山西警官高等专科学校学报》2002年第4期。

③ 张殿军、张凯：《走私的本质分析》，载于《辽宁警专学报》2006年第3期。

总之，“走私是一种危害极大的经济犯罪活动，它严重侵害了国家经济、社会和政治。”① 走私活动如果任其蔓延下去，结果将是国内经济萧条、企业开工不足、增长速度下降、就业机会减少、下岗职工增多、财政收入流失、民族工业艰难、洋货排挤国货、侵犯知识产权、黄毒扩散泛滥、社会动荡不安。所以，对走私问题加以分析，研究切实有效的反走私对策，对于保持我国国民经济健康运行和持续增长，以及社会稳定发展具有重大的现实意义。

第三节　我国走私犯罪现状的经济学分析

近年来，我国许多学者在剖析我国的走私犯罪现象的时候，开始自觉运用经济学这一有力工具，利用不同的变量，创设不同的公式、模型对其进行研究、解释、说明。在本章中，笔者也将从经济学的视角对我国的走私犯罪现状加以分析。笔者的探讨是建立在“经济人假设”的基础之上的，即认为决策者的行为以获取最大利益为目标，通过计算其预期行为的成本和收益来决定是否实行。走私分子作为独立的经济人，必然将“个人利益最大化”作为目标，只要走私给他带来的私人利益大于私人成本，就会诱发走私。因此，从经济学的角度看，走私的成本和收益与走私发生率之间存在十分密切的关系，走私的成本低、收益高，会导致走私多发；走私的成本高，收益低，则会抑制走私。我国目前的走私现象大量存在，屡禁不止就是由我国走私的低成本、高收益造成的。同时这种低成本、高收益，又与我国反走私的机制、体制、法制等方面存在的

① 夏南新：《走私对我国经济危害性分析》，载于《统计研究》1999 年第 5 期。

缺陷，导致反走私的高成本、低收益密切相关。所以，本书对我国走私现状的经济学分析着眼于两个视角：一是走私分子进行走私所具有的成本—收益关系（微观机制），二是国家进行反走私的成本收益核算（宏观决策）。我国的走私现状正是这两方面因素共同作用的结果。

一、微观机制：走私行为的成本—收益分析

根据经济人假设，人们从事某种活动是以“个人利益最大化”作为目标的。而这种个人利益的多少取决于行为的成本和收益，即行为的成本和收益与行为的发生率之间存在十分密切的关系。犯罪活动也是如此。正如加里·贝克所言，“当某人从事违法行为的预期效用超过将时间及另外的资源用于从事其他活动所带来的效用时，此人便会从事违法行为，由此，一些人成为罪犯不在于他们的基本动机与别人有什么不同，而在于他们的利益同成本之间存在的差异。”因此犯罪主要是犯罪人权衡各种谋利方式的成本—收益之后的理性选择的结果。①

如前所述，进行走私活动要有成本的投入，这些成本整体而言可以划分为两类，即显性成本和隐性成本。显性成本是指那些可见的、可计算的成本，主要有三种形式，即直接成本、时间机会成本和惩罚成本。隐性成本是指走私者的心理成本，即因从事走私行为而承担的心理压力，如犯罪前和犯罪时的愧疚感，犯罪后对惩罚的担心和害怕，以及被惩罚后的羞辱感等。走私分子进行走私活动的总成本正是这两部分成本之和。而走私所产生的收益则主要是指因走私而获得的经济利益。尽管经济利益的增多可

① ［美］加里·贝克尔著：《人类行为的经济分析》，上海人民出版社1996年版，第63页。

能导致走私者社会地位上升、自我满足感增加等，但这都是直接建立在前者的基础之上的。所以，这里所说的走私收益仅指走私所带来的经济利益。

走私者进行走私活动是建立在对预期的走私成本和走私收益进行综合衡量的基础之上的。走私收益大于走私成本，则从事走私；走私收益小于走私成本，则不从事走私。同时，走私收益与走私成本之差越大，则走私的可能性也就越大。所以，走私的成本、收益和走私的犯罪率之间的关系可以用以下模型来表示：

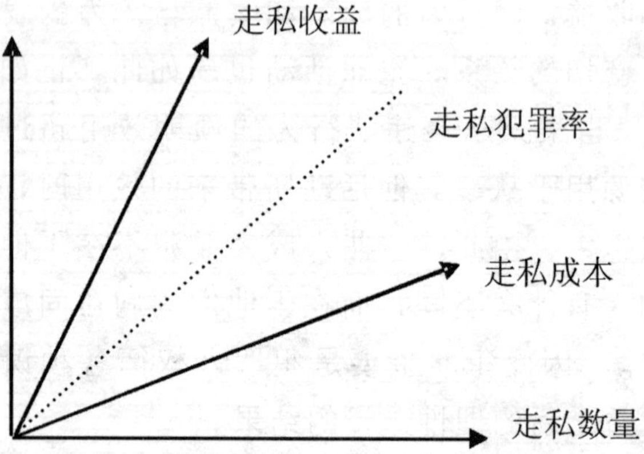

图 3－1　走私的成本、收益和走私犯罪率的关系

从图 3－1 中可以看出，随着走私数量的增多，走私收益和走私成本都会上升；当走私收益与走私成本间差距增多，走私犯罪率也会发生变化。所以，要了解我国走私犯罪的现状，必须从我国走私行为所具有的成本和收益之间的关系入手。

1. 与发达国家间生产力水平的差异，以及国内关税等贸易保护措施的长期存在，使走私活动具有高收益性。走私的根本目的是追逐利润，因此它受制于价格规律的变化。当商品生产成为社会生产的主要方式，大量商品进入国际流通领域，国际贸易迅速发展的时候，价格规律对走私的影响也越来越大。一方面，生产力发展水平的不平衡造成经济发达国家与经济不发达国家之间的商品价格存在很大的差价，走私正是利用这种价格差价来牟取巨额利润，以实现自己的经济利益目标。可以说，只要世界各国经济发展不平衡，商品生产与人们的物质生活需求存在差距，国际商品价格存在差价，走私现象就会产生。另一方面，政府出于保护民族产业或者维护中央经济利益的需要而采取的政策干预造成国内外商品的价格差价。如前所述，目前发达国家的关税平均水平已降到3%，而发展中国家的关税平均水平仍为15%，关税在发展中国家的财政收入中仍然占有重要的比重。我国属于发展中国家，经济发展水平、生产效率和产品质量与发达国家相比还有很大的差距，多数商品在国际市场上竞争力比较低，高关税、高进口环节税是对国内相对落后经济的保护。而国家对进出口商品征收关税后，必然引起进口商品国内价格的上涨，造成国内和国外的价格差。关税价格效应造成的价格差是走私存在的根源，也使规避税收成为走私的直接动机。可以说，正是价格差异使走私变成一项有利可图的活动，因而诱使一些经济主体不惜冒险进行走私以牟取非法利润。追求暴利是走私活动最直接、最根本的原因和动力。

2. 对外贸易体制及海关监管模式上的漏洞减少了走私犯罪的直接成本。通关成本和贸易效率是进出口经营者利益所在，税收与秩序是国家利益所在，走私者在追逐利润的过程中，除了得到走私商品价值所带来的直接利润外，还通过规避国家外贸管制，节省了通关成本，提高了贸易效率，获取了间接利润。具体而言，是利用国家外贸管制制度的不健全来节省获取外贸资格的代价和成本。这是因为在国家外贸管制下，经营者必须取得特殊的资格才有权进行对外贸易，而走私者则规避了外贸资格问题，节省了应付出的相应成本。如国家限制或许可的贸易，实行严格的资格管理或许可证制度，这就使取得资格或许可证成为一种贸易障碍或者重要的成本支出。对于众多没有取得资格或不想在许可证取得上投入较大成本的经营者来说，通过利用外贸体制的漏洞可以减少或者消除这种成本，从而转化为间接利润。再者，海关监管模式上的弊端也极大地减少了通关成本。

3. 走私市场的长期存在和发展，使走私犯罪的时间机会成本相对收益而言显得微乎其微。如前所述，由于目前我国国内流通领域市场监管体系尚未完全形成或完善，全方位、深层次、多角度跟踪监管进口货物的手段尚未建立，结果造成走私私货市场无所不在，进一步刺激了走私犯罪活动的猖獗。诺贝尔经济学奖获得者坎南博士认为："作为人，无论他处于什么地位，其人的本性都是一样的，都是以追求个人利益，使个人的满足程度极大化为基本的动机。"① 理性的消费者作为经济人出现在市场时，在价格上会作出自己合理的选择，而走私物品正好满足了他们的需求。"常见的走私物品多为汽车、香烟、化妆品等高关税、相对高档的消费品，消费者对其需求和购买助长了走私行为。"②。走私这种市场状态的长期存在，使得走私经济所产生的巨大收益已远远不是合法的市场经济所能相比的。1 克海洛因在金三角不到 20 元，如果将它走私到国内，其零售价格高达 300 元，这样的暴利

① 丁煌著：《西方行政学说史》，武汉大学出版社 1998 年版，第 381 页。

② 许雄奇：《走私与反走私的经济学分析》，载于《重庆工学院学报》2004 年第 1 期。

是任何一种合法经济所望尘莫及的。这就使得走私所需的时间机会成本相对收益而言显得微乎其微，从而鼓励了走私经济的盛行。

4. 法律相对滞后，对走私分子惩处过轻，无形中降低了走私犯罪的惩罚成本。其主要表现为：一是我国反走私法律法规还不完善。到目前为止，从中央到地方还没有《海关法》以外的反走私法律法规出台，当前打击走私犯罪的依据主要是《刑法》、《中华人民共和国刑事诉讼法》、《海关法》及有关的司法解释和条款，这些条款在实际工作中往往操作困难。同时，现行的有关处罚条款相对滞后。典型的是"蚂蚁搬家"式走私，因为起刑点过低，导致这类走私活动屡禁不止、屡打不绝。此外，法律上还存在许多缺失，难以应对新的走私形势。如法人走私得不到重判，特别是近年来电子商务兴起后涉及的诸多法律问题，也没有及时补充，给打击走私增加了新的难度。二是由于海关、工商、公安、司法部门之间协调配合机制不顺畅而导致一定程度的"法律虚置"状态。部分缉私执法部门出于部门利益，走私案件没等进入司法程序就已经在行政程序中进行了处罚，而该追究刑事责任的不追究刑事责任，以税代罚、以罚代刑、注重查扣私货的情况仍然存在；一些缉私执法部门把查缉走私的主要精力放在查扣私货上，忽略抓获走私嫌疑人，使许多走私者漏网，实际等于放纵走私违法犯罪。这使得走私集团和走私分子抱着侥幸心理，"三次走私，没收一次可以赚钱，没收两次可以保本"；"留得青山在，不怕没柴烧。"而人都有一种从众心理，在看到别人做某事有利时便引发自己也去做的冲动。其结果是引导了更多的人铤而走险去走私。由此，一种走私行为冒险得利后而没有受到判刑，更多的人就会汹涌而至。一个企业走私后安然无恙，更多的企业就会心存侥幸起而效仿。同时，对于一些走私犯罪嫌疑人，即使是移送起诉后，地方司法机关受地方各种因素的干预，有时也难以保证司法的公正性，造成缉私执法部门前面抓、地方司法机关后面放的尴尬局面。据统计，1980 年至1990 年的 11 年，被法院定罪的走私案件 3516 件，而同期海关查获的走私案件是 25.3 万件，定罪的仅占 1.39%。1995 年，全国查处走私案件 17717 起，但最后被判刑的走私分子也只有257 人，就以一案一人计，被判刑的走私分子还不到总数的 1.5%。[①]

需要说明的是，随着近年来打击走私力度的加大，针对走私犯罪的法律也进一步完善。全国人大常委会在随后的刑法修正案中，不断完善走私犯罪的处罚规定，弥补了立法较粗疏的做法。特别是 2011 年通过的《中华人民共和国刑法修正案（八）》（以下简称《刑法修正案（八）》），明确规定了“一年内曾因走私被给予二次行政处罚后又走私的，处三年以下有期徒刑或者拘役，并处偷逃应缴税额一倍以上五倍以下罚金”。这一规定解决了长期困扰海关缉私部门的难题，为处罚“蚂蚁搬家”式的走私提供了刑罚依据。但同时，取消了一些走私犯罪的死刑规定，在一定程度上也降低了《刑法》的震慑力，减少了走私犯罪的惩罚成本。此外，对于法人或者单位犯罪，处罚也相对偏轻，主要表现在一般使用罚金的手段，对主要负责人或者法人代表判处缓刑，从经济学分析的角度来说在一定程度上增大了走私的收益空间。

职能部门在打击走私活动中的干预不力，降低了走私犯罪的惩罚成本，使走私风险相对较小，从而变相保护了走私分子的非法利益，助长了走私分子的侥幸心理，给走

---

① 陈晖著：《走私犯罪论》，法律出版社 2002 年版，第 50 页。

私分子带来一种安全感，造成走私活动的泛滥。

5. 走私犯罪危害性的宣传不力，削弱了走私犯罪的社会心理成本。心理成本是走私犯罪的隐性成本，尽管对其很难用具体的数字加以计算，但在犯罪的发生过程中，心理成本起着十分重要的作用，它激发了犯罪人的犯罪动机，并且影响着犯罪人对犯罪手段的选择。意大利刑事法古典学创始人贝卡利亚曾指出，当某种犯罪在人们看来不可能对自己造成损害时，它的影响就不足以激发起对作案者的公共义愤。走私就是如此，由于走私活动并不直接侵犯人们的利益，其严重后果并不是人们一下子看到的，“走私罪只给人留下一些极淡薄的印象，因而人们看不出走私对自己有什么损害，甚至还经常从中受惠”。[①] 群众对走私的危害缺乏认识，并且多持宽容态度，认为只要自己不参与走私活动就可以了，事不关己，对走私活动无动于衷，甚至出现了所谓的“走私致富”论、“走私搞活”论、“走私创收”论等错误观念。[②] 当然不可否认，由于近年来我国加大了法制宣传的力度，新闻媒体中各种法制栏目的增多，在相当大的程度上提高了人民群众的法律意识，尤其是对一些缺乏强烈道德感的犯罪行为有了越来越清楚的认识。但对于走私犯罪的社会危害性还是始终处于一种模糊状态，导致国家反走私、群众买走私的尴尬局面。究其原因，笔者认为这种状态的存在很大程度上是由于宣传视角上的偏颇造成的。纵观各种法制栏目就会发现，对走私犯罪的宣传过多地停留在对国家反走私的成绩，走私对国家税收、财政的损害上，而较少地将走私犯罪与老百姓的

① ［意］贝卡利亚著：《论犯罪与刑罚》，黄风译，中国大百科全书出版社 1993 年版，第 80～81 页。

② 钱舫、许道明著：《走私罪的认定与处理》，中国检察出版社 1998 年版，第 53～54 页。

切身利益结合起来，将走私与我们的日常生活需要结合起来，结果就导致了一种走私只危害国家、与老百姓无关的社会心理状态的普遍存在。于是，走私、贩私行为就不像盗窃、抢劫等犯罪行为那样遭受强烈的社会谴责，而且还可能得到社会的普遍同情。这样一来，走私分子在作走私决策时就很少考虑一旦被发现所会承受的舆论压力，削弱了走私所应承担的心理成本。

二、宏观决策：反走私的成本—收益分析

反走私和走私一样不是一劳永逸的，它也要付出一定的成本。反走私的成本是指国家和社会在预防和打击走私行为过程中付出的各种代价。由于在我国反走私主要是由国家进行的，所以这种代价主要是指国家在反走私过程中人力、物力和财力等方面的消耗。目前我国还处于社会主义初级阶段，社会财力相对不足，所以反走私成本的多少是我国反走私工作中需要考虑的一个重要问题。当然，要考虑成本，也要考虑收益。反走私的收益可分为反走私的显性收益和隐性收益。显性收益是指因为减少走私而导致的国家财政、税收等方面的增加；隐性收益则是指反走私所带来的政治效果、社会效果等方面的收益，如提高了政府的威信，稳定了市场秩序或金融秩序，增强了合法致富的信念等。国家作为一种组织形态，它的决策行为也要遵循理性经济人的原则，进行成本和收益的比较分析，只有当收益大于成本，即净收益不为零时，一种体制才能予以运行。对于走私犯罪而言，我国之所以进行反走私运动主要是着眼于反走私所带来的长期效益。反走私不仅能带来国家税收的增长，而且能稳定正常的市场交易秩序，平衡市场供求关系，维护国家的经济安全，保护民族工业，扩大就业，从而有利于社会的稳定发展。但是在对反走私的

经济效益和社会效益进行合理预期的同时，反走私成本的高消耗性也是我们不得不注意的一个问题。反走私是一个系统的工程，包括制度建构、机构设置、人员培训等多方面的问题，每一方面的开销都十分巨大。而这些方面的开销均由国家财政来支持，这难免会造成政府收支上的紧张。同时，反走私取得收益所需的时间相对较长，收益的大小受许多因素的影响，如制度建构、人员素质等，任何一个环节的问题都可能导致得不偿失。而且这种收益不是政府所独有的，是由整个社会所共享，相当大的部分呈现隐性的状态，这就导致了从表面上看，成本和收益似乎长期处于不平衡状态，很难调动起地方政府反走私的积极性，进一步恶化了反走私的环境。

如前所述，我国走私犯罪的低成本、高收益导致了我国走私犯罪现象大量存在，屡禁不止。而这种低成本、高收益恰恰与我国反走私工作中存在的高成本、低收益状态有着直接的关系。这主要表现在：

1. 海关反走私部门与其他部门缺乏沟通，增大了反走私成木。为了有效地打击走私，海关专门成立了缉私部门，而海关其他部门在发现走私后将案件移送缉私部门，由于各部门在打击走私活动中各自为政，单兵作战，缺乏有效沟通，相互无法掌握准确的走私动态，各部门获取的信息没有实现共享，没有形成有价值的情报体系，无法实现对走私的有效监控，在缉私行动上难以形成合力，缉私体制运作缺乏质量和效率，缉私整体效能没有发挥，影响了打击走私行为的力度，造成缉私资源的浪费。同时，在海关系统内部，调查和缉私部门对走私行为均有立案调查权和行政处罚权，行政执法主体不统一，多头执法，执法权力交叉，行政执法随意性大，对同样的走私行为完全可能产生不同的处罚结果，影响了缉私的一致性和公正性。有时还会产生部门之间的利害冲突，妨碍了对走私案件的查处。

2. 中央政府与地方政府利益不协调，导致地方保护主义盛行，减少了反走私收益。中央政府和地方政府各自都有自己的经济利益，二者存在利益冲突。在地方缺乏财政自主权，又不能较多地分享反走私所得的经济收入时，地方保护主义就成为地方政府的必然选择。

3. 法律制度规定出台严重滞后，法律本身不完善，影响了反走私的效率。当部分法律法规陈旧过时，新情况、新问题出现后，新法规没有随之跟上，对缉私执法工作产生了消极的影响。《刑法》规定个人走私罪起刑点为涉嫌偷逃税额5万元，由于走私分子采取“蚂蚁搬家”的方式，走私涉税金额一般不足5万元人民币的起刑点，陷入了刑事处罚不上、行政处罚又软弱无力的窘境，于是造成“走了罚，罚了再走”的恶性往复局面。需要指出的是，2011年通过的《刑法修正案（八）》明确规定了“一年内曾因走私被给予二次行政处罚后又走私的，处三年以下有期徒刑或者拘役，并处偷逃应缴税额一倍以上五倍以下罚金”，这一规定解决了长期困扰在海关缉私部门的难题，即为处罚“蚂蚁搬家”式的走私提供了刑罚依据。同时，对于部分走私类型的法律规定存在着一些缺失，如法人走私得不到重判。当前法人走私在走私活动中占相当大的比例，并且法人走私数额巨大，重大案件所占的比例较大，给国家造成的损失远远大于个人走私，但对其直接责任人员的惩处却大大轻于个人走私。正是法律规定的缺失，导致法人走私越演越烈，越发难以收拾。此外，法律对走私的后道程序贩私行为处罚力度不足，在国内市场上对贩卖走私香烟行为，工商部门有处罚权，烟草部门对贩卖走私香烟行为有查处权，最高处罚是没收违法所得并处没收走私香烟，但处罚力度达不到真正的惩戒效果。随着电子商务的出现，电子数据越来越多，而对电子数据作为证据的效力问题及取得方式，没有明确的规定，给打击电子商务中的走私活动增加了难度。

4. 监督体系不完善，执法监督不力，导致执法腐败问题严重。在反走私的过程中，各种反走私的机构和人员是国家权力的代表，对这些权力如果没有外在规范的约束，将严重影响反走私体制的效能。在现行的组织管理体制下，人事管理和廉政建设是相对独立的两个体系，有些具体规定既不完善又缺乏可操作性。虽然规定了立足德、能、勤、绩的人事考核规定，但其实施缺乏现实性保障，往往是整体考核结果不能反映廉政和勤政状况，即使有所反映也没有有效的解决措施。当前，各缉私执法部门表面上均设有纪检、监察、审计、督察等监督机构，并有一些廉政风险防范、监督制约制度，但是由于纪检、监察部门仍属于内设部门，纪检组长仍为本单位党组成员，不是上级机关派驻的，纪检干部的工作都要听命于本单位的行政领导，更何况纪检干部的工作调动、晋升、奖励等仍由行政领导决定。监督权没有有效地从决策、执行层面上分离出来，没能实现相对独立地行使监督职能。再加上监督制度看起来很严格，说起来很响亮，但做起来很软弱，监督制约对下不对上，只对部分人起作用，而且监督制度往往对缉私执法行为实行事后监督，只是忙于救火，难以顾及事前监督和事中监督。有时即使是进行了随案监督，但由于督察人员对缉私执法业务不熟悉，也难以发现缉私执法人员的违法行为，由此造成缉私执法内部监督制度虚置，监督不力，使监督制度流于形式。尽管目前缉私部门实行聘请社会特邀督察员、政务公开、八小时以外监督、新闻舆论监督等方式的外部举报制度，但由于信息不对称的情况存在，对缉私部门的外部监督实际上也是形同虚设。这就最终导致一些缉私执法部门的腐败，一些领导干部和缉私执法人员经不起金钱诱惑，受贿放私，与走私分子同流合污，破坏了缉私体制的正常运行，影响了缉私的收益。

第四章　国外反走私措施借鉴

DI-SI ZHANG GUOWAI FANZOUSI CUOSHI JIEJIAN

第一节 国外反走私情况简介

走私作为一种古老的国际性犯罪，随着社会的进步不但没有消失，反而愈演愈烈，日益猖獗。疯狂的走私活动已经给世界各国造成了巨大的经济损失，如1998年，在欧洲，仅以瑞士为据点的走私活动每年就给欧盟造成高达几十亿美元的关税损失；仅海上香烟走私一项，阿尔巴尼亚每月就损失1500万美元；在拉美，走私对哥伦比亚纺织、烟草和冶金等行业造成严重冲击，使它们面临倒闭；在委内瑞拉，走私使该国每年损失将近一半的关税（约6亿美元），相当于其社会保险协会全年预算的2.5倍；在亚洲的巴基斯坦，每年市场销售70万台走私电视机，国家财政收入仅此一项就损失30亿卢比[①]……走私日益成为各国经济发展的障碍。随着各国经贸往来的频繁，走私犯罪所造成的影响越来越超出国家的范围，严重影响了国际新经济秩序的建立，阻碍了世界经济的快速增长。于是，不仅各国从其切身利益出发，纷纷采取各种措施对走私活动予以打击，而且更多的国际组织也参加到反走私的斗争中来。可以说，在当今世界反走私已经远远不是几个国家的事情，作为整个国际社会所共同面临的紧要任务，反走私成为世界性课题。

联合国作为处理国际事务的核心机构，在反走私斗争中发挥了积极的作用。为了促使各国能够通力合作，共同打击走私犯罪，它曾为中亚五国提供了158万美元的资金支持，以帮助中亚五国建立一个打击毒品走私的协调合作

① 张君毅：《反走私——世界性的课题》，载于《时事报告》1998年第9期。

机制。同时，中亚五国首脑也频频会晤和签署声明，以进一步推动彼此之间的技术合作。

在欧洲，欧盟规划了“海关2000年”行动，以对付因欧洲统一大市场的建立和边境开放后可能引发的走私犯罪活动。英国也曾对酒类制定过一系列的法律法规，并就海陆走私和利用航空货运走私制定过具体的处罚条例。之后采取了十分严厉的打击措施，明确规定，除了可以没收走私汽车、注销驾照、偿付逃漏税外，涉及走私品的酒吧、烟酒品售卖店、餐馆等将会被吊销酒品营业执照。

在拉美，中美洲六国海关署长签署了《中美洲海关统一法规条例》，以期使各国海关工作得以协调，避免烦琐的官僚机构手续以加强反走私斗争。哥伦比亚于1996年成立了第一支反走私稽查队，仅一个季度就查没各类走私物资价值约1000万美元，超过1995年全年查缴物资的总和。

第二节　发达国家和地区反走私措施及其经验借鉴

一、美国反走私措施

走私罪在美国系联邦犯罪，在《美国法典》中有规定。需要指出的是，美国没有统一的刑法典，《美国法典》是美国联邦法律的编纂，可以直接引用。该法典共分50篇，其中第18篇刑法汇集了大部分的联邦犯罪。美国刑法中的走私罪是指携带货物进出海岸不纳关税或者携带违禁品进出海岸的行为。其走私行为一般可以分为两类，一类为广义上的走私，即准备或者递交虚假文件的行为；另一类为狭义上的走私，即私下进口货物的行为。后者就是走私罪所规定的行为。根据法律规定，对于走私或者虚报货物的，均要处以没收财产；进行虚假陈述、从事虚假活动或使用虚假器具的，可处5000美元罚金或两年监禁，或两者并罚。“9·11”事件之后，美国国会还通过了《2002国土安全法案》，成立了国土安全部，由原海关署、移民和规划局及海岸警卫队等22个联邦机构合并而成，其首要职责是保护美国免受进一步的恐怖袭击。原美国海关署的机构，按职能分别并入海关与边境保护局和移民与海关执法局。海关与边境保护局的任务是防止恐怖分子和从事恐怖活动的武器进入美国本土，此外还承担大量的传统任务，包括逮捕部分非法入境者、堵截毒品和其他违禁品非法入境、保护农业和经济作物免受病虫害的侵害、保护美国企业的知识产权、管理和便利国际贸易、征收关税、执行美国的贸易法律，等等。移民与海关执法局的主要职能包括：移民调查、海关调查、海关情报等。其海关执法的范围主要是：对恐怖组织的基金、出口管制违法、洗钱、走私、商业瞒骗、知识产权违法、电脑犯罪、儿童色情等进行调查，统一协调空海军力量，侦察、拦截空中和海上的可疑目标、保卫国家的边境、打击毒品和其他违禁物品的走私、打击恐怖活动，为国家的重大设施提供保护，为重要活动提供安全保障等。无论机构如何改革，美国政府的反走私工作仍然由传统的海关职能部门承担，只不过由海关署转换成了DHS（国土安全部）。这次美国海关重组的主题是“人员、程序、合作”，即“精干的人员，实用高效的程序，与外界良好的合作”。这次重组不是对各种资源的简单调整，而是打破旧格局，重构美国海关，即立足于效益原则，用全新的组织框架取代不合时宜的原有管理体制。这就决定了这次变革不仅仅是组织接管的变更与人员的调整，更重要的是管理观念的变革，海关文化与价值观的变革。

二、法国反走私措施

法国是典型的在海关法中规定走私犯罪的国家。法国海关法典第六章“处罚规定”中的第一节“触犯海关法规行为分类及主刑”将触犯海关法规行为分为五类，将触犯海关法规犯罪行为分为三类。该节还详细规定了走私行为及其逃避海关监管进口或出口的行为。对于触犯海关法规的行为，第一类（第四百一十四条）规定：“走私或逃避海关监管进出口禁限进出口物品、重税商品或应征国内消费税商品，没收走私物品、运输工具和用于掩护走私物品的器械，处相当于私货货值1至2倍罚款，并处3个月以下拘役。走私或逃避海关监管进出口非限禁进出口物品，如货值不超过5000法郎，处私货等值的罚款。”第二类（第四百一十五条）规定：“使用其明知直接或间接来自毒品非法贩运的资金，采用出口、进口转移支付或补偿等方式从事或试图从事法国对外金融业务，处2年至6年拘役，没收非法所得并处违法或试图违法金额1至5倍的罚款。”第三类（第四百一十六条）的规定已根据1987年7月8日第87/502号法律第二十五条第四款规定废止。该节（第四百一十七条第一款）将走私概念定义为“所有逃避海关监管进出口以及触犯有关境内的占有及移动的法律、法规行为”。该条第二款具体列举了走私行为的种类。第四百一十八条至第四百二十二条具体列举了几种视为走私行为的情形，即准走私行为。该节第四百二十三条规定了三种行为为逃避海关监管进口或出口的行为：（1）通过现场海关进口或出口，但无正式报关单或正式报关单与所呈验货物单不符；（2）偷换掉包海关监管货物；（3）未在规定期限内递交第一百条规定的补充报关单。第二节“附加刑”规定了三种附加刑的处罚，“没收、逾期罚款、剥夺权利”。第三节“处罚使用的特殊情况”规定了“没收”，“罚款特别计算方法”在特殊情况下的适用以及“数罪并罚”的适用条件。[①] 此外，法国政府还赋予海关较大的缉私权力：有权逮捕、拘留走私嫌疑人；有权搜查有藏私嫌疑的处所而不受地域限制；有权使用类似警察的各种侦破手段，如监视、跟踪等。为了保障缉私工作效率，政府为海关配备了大量先进的武器和技术装备。由于海关拥有较大的权力，缉私人员有条件在有关地区和任何条件下行使权力进行查缉，法律同时也作出了一定的限制：如逮捕或拘留的走私罪嫌疑人，最迟于第二天移送法院；海关水警有权在12海里水域内对有关船舶进行检查，但在12海里以外的范围只能进行跟踪监视。同时，政府不断加大对海关的投入，建立关税成本统计制度和管理成本比例划拨制度。为预防出现超收截流及横征暴敛的现象，法国海关逐渐淘汰关税任务分割下达的征税办法，根据税源的变化以及保护的范围和期限，实行关税成本比例划拨，以税养关。此外，法国政府给海关配备了很强的空军力量，使法国海关具备了强大的反毒品走私能力。

三、意大利反走私措施

在意大利，缉私体制由两部分组成：意大利海关与意大利财政警察部队。二者依据各自的职责分工，在各自的管理体系内实施着各自的管理职能，但在国家缉私管理上又互相配合、协同作战，形成了一整套行之有效的缉私体制。其设置类似我国的海关和海关缉私警察，但我国的缉私警察是海关的内设机构，而意大利的海关和财政警察是

① 黄胜强著：《法国海关法典》，中国社会科学出版社1999年版。

两个平行的部门。意大利海关隶属财政部，是财政部下设的15个部门之一，海关对边境上的走私毒品、濒危物品、文物等可在财政警察配合下进行查缉，对违法嫌疑人要继续调查则必须在行政法院法官许可的情况下进行。在关境范围内，如有司法授权，可以行使拘留权和搜查权。在反走私工作中，反商业瞒骗占重要地位，反商业瞒骗中心属于意大利海关司第12局，与14个大区级海关级别相同，在各大区级海关内也设有反瞒骗组织。财政警察部队直属意大利财政部长领导，属于军队性质，除不履行海关征收关税的职能外，具有海关的所有职能，分为陆路警察行动中心和海上总指挥中心两部分。前者具有全国性反毒品活动中心性质，经司法部委托可行使调查和镇压职权。其主要从事当地司法机关委托进行的司法活动、承担税务检查任务、对大型企业税务情况进行核实，对全国范围内的偷漏税进行调查、与有组织的犯罪进行斗争等。后者则以负责海防线安全、与海空军区行动进行协调，打击贩运毒品、走私、非法移民等为主。从权力上说，意大利财政警察部队除在海关监管现场协助海关查验进出口货物行使违法行为的查处权外，还可在陆路或海防边境行使查缉走私、贩毒、非法移民等权力。在与海关协同查私、贩毒、打击非法移民过程中利用海陆空一体的方法进行缉私，在全国海岸线上设有16个海防站、2个专门行动站，所有设施均由海上总指挥中心领导，行动时要与海警部队协同作战。

四、新西兰反走私措施

在新西兰，海关拥有广泛强大的反走私职权，《新西兰海关与消费税法》规定，任何海关官员可在任何时候登上正在进出或停留在新西兰境内的运输工具，或怀疑运输工具正在运载应税、未报关、禁止或没收货物的，或怀疑运输工具进行违反本法活动的，在此过程中海关官员可使用强制手段进入运输工具的任何部分，开启任何包装、锁扣装置，可检查在运输工具上发现的任何货物，同时规定利用运输工具进行走私的工具负责人和所有人均有违法行为。从1994年起新西兰海关开始实行契约式管理，契约式管理运用了西方管理理论的成果，借鉴了企业量化管理的方法。最初的契约式管理只有两个层次，即由海关税务署署长与海关局局长、海关局局长与地区海关关长签订合同。现在已扩展到了地区海关关长与48个隶属海关关长、隶属海关关长与200多个下属检查队队长四个层次的契约式管理，并把缉私任务纳入契约中，进一步明确打私职责，确保缉私工作的统一性和稳定性。

五、我国台湾地区反走私措施

在我国台湾地区，规定海关工作职能和执法权限的法律由关税法和缉私法组成，法律明确海关是具有走私案件查缉权和唯一处理权的机关，形成了单一的查缉体制。海关缉私依据一部专门性的缉私法律即《海关缉私条例》，同时对海关的具体缉私行为有较多的细则性规章和行政解释，如《海关缉私案件审议委员会审议注意事项》、《海关缉私器械使用办法》等，对构成犯罪的案件依据《惩治走私条例》进行处理和追究当事人的刑事责任。海关的缉私权力是检查权、勘验搜查权、搜查人身权、查问权、扣押权、佩带使用武器权等。较有特点的是，其海关权力适用范围较宽，而且赋予海关短期限制当事人人身自由及短期限制走私当事人出境的权力。海关在缉私程序上实行调查与侦查分工，法律规定不得用行政手段调查走私犯罪，也不能用侦查手段对付行政违法。台湾海关缉私警察属司法警察序列，承担走私案件的行政调查和走私犯罪侦查的双重职能。

六、国外反走私经验借鉴

纵观世界的反走私斗争，尽管各国所处的经济发展阶段和国情不尽相同，但是由于大的国际经济背景相同，各国打击走私面临的课题也大抵类似，所以各国的反走私措施有许多共同之处。这些做法在一定程度上反映了国际反走私运动的共同趋势，值得我们借鉴。

（一）出台政策法规

许多国家都针对走私犯罪制定了专门的应对政策。如墨西哥政府针对伪报进口商品是走私犯惯用的手段，专门建立了一项新的“进口自动申报制度”，要求进口商在商品进口前15天向海关、中央银行、工商部和财政部申报商品的名称、价格和数量，根据申报，上述部门在商品进口前进行第一次核查；在商品到达目的地后，进口商必须在15天内再次申报商品的名称、价格和数量；有关部门根据进口商的申报，利用电子设备对进口商品进行第二次核查，如果发现进口商品与自动申报不符，有关部门将对进口商进行重罚并根据情节轻重追究其法律责任；同时自动申报必须同进口申请手续同时进行。[①] 此外，大规模的立法也是打击走私犯罪的一项重要措施。如前所述，许多国家都对走私犯罪专门作了法律规定，这些立法具有以下共同特点：

1. 走私犯罪被大多数国家视为是对国家有重大影响的犯罪。如美国、俄罗斯、德国都把走私罪列为联邦犯罪，

---

① 韩正中：《外国打击走私面面观》，载于《价格与市场》1999年第2期。

不同于各州所规定的犯罪，有优先适用权。德国在几部重要的法律当中都规定了对走私犯罪的处罚，走私犯罪在德国被视为危害了国家安全、人民的和平生活，甚至被认为是严重危害了国家的对外关系。如在德国经济刑法中，走私犯罪作为经济犯罪中的重要种类被分别规定在《德国对外经济法》、《德国共同市场组织执行法》、《德国濒危野生动植物保护法与麻醉品涉外贸易法》、《德国战争武器管制法》的法律法规中。与此同时，德国税法也规定了与走私犯罪有关行为的处罚。德国税法第三百七十三条规定："职业性地偷逃进口税或者职业性地违反垄断法规定实施禁止性行为的，处3个月以上5年以下监禁。下列行为也应当受到刑法处罚：①在偷逃进口税或者实施禁止行为时，亲自或者其他参与人使用了射击武器的；②在偷逃进口税或者禁止性行为时，亲自或者其他参与人使用了武器或者其他工具或者手段，通过暴力或者威胁通过暴力阻止或者克服他人的抵抗的；③作为持续实施偷逃进口税或者禁止性行为的团伙成员，帮助其他团伙成员实施这种行为的。"第三百七十四条对税收窝藏罪作了规定："　、任何购买、取得因偷逃消费税或者关税或者事实禁止性行为而获得的东西或者货物，意图为自己或者第三人牟利的，根据第三百七十四条处罚；以犯罪为业的，根据第三百七十三条处罚。当行为涉及偷逃欧盟成员方、欧洲自由贸易联盟成员方或者联系国管理的进口税时，德国的刑事管辖权不受犯罪地点的限制。"[1]

2. 多数国家法律在对走私犯罪的具体规定上有共同一致性。这主要表现为：（1）走私罪是各国海关法典或关税

---

① 王世洲著：《德国经济犯罪与经济刑法研究》，北京大学出版社1999年版。

法所列违反海关监管或国家贸易管制的行为中最严重的一种。如法国海关法典第六章“处罚规定”中的第一节“触犯海关法规行为分类及主刑”将触犯海关法规行为分为五类，将触犯海关法规犯罪行为分为三类，其中除了第三类已被废止外，其他两类都规定了比其他触犯海关法规行为较重的处罚。(2) 走私罪的对象限于几种类型。各国对走私的对象一般都有限制，限于应税货物、管制货物和其他禁止或限制进出境的物品，如文物、毒品、武器等。如1997年1月1日开始生效的《俄罗斯联邦刑法典》对走私罪的种类作出了明确的规定。第一百八十八条第一款首先对走私作了定义："走私，即不经过或者逃避海关检查，或欺骗性地使用文件或海关检验手段，或不报关或不确实报关，将本条第二款所列以外的其他物品大量运送经过俄罗斯联邦海关边界的，处五年以下的剥夺自由。"这一款类似于我国的走私普通货物、物品罪的规定。第一百八十八条第二款规定："不经过或逃避海关检查，或欺骗性地使用文件或海关检验手段，或不报关或不确实报关而经过俄罗斯联邦海关边界运送麻醉物品、精神药物、烈性物品、剧毒物品、有毒物品、放射性或爆炸物品、武器、爆破装置、发火武器或弹药、核武器、化学物品、生物制品和其他各种大规模杀伤性武器，以及那些可用于制造大规模杀伤性武器的并有通过俄罗斯联邦海关边界专门规则的材料和设备、有重要战略意义的原料性商品和有通过俄罗斯联邦海关边界规则的文化珍品的，处3年以上7年以下的剥夺自由，并处或不并处没收财产。"[1] (3) 武装走私、集团走私等严重危害国家安全的行为是严厉打

---

① 黄道秀著：《俄罗斯联邦共和国刑法典》，中国法制出版社1996年版。

击的对象。如俄罗斯刑法规定有组织的团伙走私刑罚重于一般走私。(4) 各国对走私罪的规定有“严而不厉”的特点，即对走私罪的各种行为表现作了较为全面的规定，力求做到法网严密，但是对走私罪的处罚并不严厉，剥夺自由的监禁刑用得较少，而更注重财产刑和资格刑的使用。如法国海关法规定的走私罪处罚很轻，一般走私最高刑期是3个月拘役。

(二) 加强缉私力量

各国强化对走私犯罪的打击力量，这主要体现在以下方面：

1. 缉私体制向专业化转变。在机构设置方面，各发达国家的海关在市场经济不断发展的过程中，都不同程度地进行了机构改革，使机构设置、职能划分和运行机构更好地适应缉私工作的需要。各国海关基本上按照行政区域划分海关关区，地区海关负责办理当地一切海关业务，既负责口岸监管，也负责缉私任务。在职位划分上也设立了专门的缉私警察序列，从组织上提供了有利保证。如土耳其警察总局就有专门的反走私部队，共有1800名警察专事打击毒品和武器走私，仅在伊斯坦布尔市就有173名成员，他们大部分是该市土生土长、头脑灵活的年轻警官，在这座拥有130万人口的城市里，每天冒着生命危险与毒品贩子展开殊死搏斗。法国政府也不断加强海关队伍的建设和海关设备的更新，该国共有两万多名专职海关人员，配备了各类机动车近3000辆、各类船只70艘、飞机和直升机30多架，以及各类通讯器材、检查设备、计算机系统等。海关总司下设3个海关学校及10个高水平化验室，为海关培训专职人员和不断输送新生力量。[①]为对付大规模逃税和走私活动，1996年英国政府还专门设立了国家侦查服务局和国家情报局两个全国性组织。实践证明，新的组织机构的设立，使海关打击走私工作效率倍增，侦破案件的时间大为缩短。

2. 注重各缉私部门的国内协调。反走私往往牵涉到一个国家的多个部门，部门间的协调十分重要和必要，协调得好会事半功倍，否则会相互掣肘，事倍功半。为此，一些国家专门成立了国家一级的协调机构，税务、财政、边防、公安、海关、海军协同作战，共同执行任务，有关部门之间还签订了协议，对边海防线实施分段包干管理。如白俄罗斯建立了总统直接领导，由国家安全委员会、内务部、国家海关、工商等部门负责人参加的“打击走私活动委员会”。阿尔巴尼亚成立了政府反走私委员会，由一名副总理牵头，成员有财政部长、内务部长、国防部长、司法部长、国家情报局长等政府要员。该委员会至少每月召开一次会议，制定反走私计划，协调反走私行动。此外，在立法方面，各国也制定相应的国家反走私法，对海关实施缉私的权力、职责作了明确规定，凡涉及有打击走私违法犯罪的国家职能部门，如工商、银行、税务、交通等部门，都规定一些权利和义务，共同维护国家整体经济秩序。

3. 加强海关缉私队伍建设。缉私工作是一项专业性很强的工作，随着社会的进步，走私犯罪的手法更具隐蔽性，缉私工作对海关人员也提出更高的要求。缉私人员要有较高的业务技能，不仅要懂得办案技巧和相关法律知

① 韩正中：《外国打击走私面面观》，载于《价格与市场》1999年第2期。

识、海关业务，还要具备处理各种复杂问题和突发事件的能力。因此，各国海关都注重制定一个科学的人力资源开发计划，加大培训工作力度，做到“用”、“养”结合，建立有效的激励机制，把具备相应的业务技能作为任职提拔的资格，充分调动缉私人员的主动性和创造性；实行案件审理专家制度，对重大案件实行案件审理委员会合议制，由包括行政领导在内的专家研究定夺；建立相对稳定的缉私人才库，集中优势力量，解决执法过程中的一些疑难问题；根据海关缉私队伍现状，制定业务素质发展规划，有计划、有步骤、有重点地开展教育培训工作，每年分批组织人员脱产培训，使每个缉私人员除了在工作中得到学习提高之外，有机会接受系统的、专业的培训，以保证知识的不断更新和业务理论水平的不断提高。同时调整改革人事管理制度，充分发挥人的潜能，造就专业化人才。越南政府就明确规定，边防、公安、海关、海军要紧密协作，共同打击走私，并签订了内部协议，对边海防线实施分段包干管理，同时要求干部战士拓宽知识面，掌握有关军事、外交及法律方面的知识。除此之外，各国海关都十分重视高标准的职业风范和道德标准。随着走私活动的发展，许多犯罪分子开始打起海关、有关部门和地方政府的主意，以各种手段收买政府要员和执法人员。许多国家的海关、地方政府都有严重的腐败现象，政府官员、执法人员与走私者串通一气，内外勾结，合伙犯罪。为此，不少国家高度重视执法腐败问题，下大决心、花大力气进行整顿。如俄罗斯在海关内部开展了“净手”运动，仅 1997 年一年时间内就起诉了 378 名“害群之马”，撤销了约 1700 名不合格人员的职务。同时，从 1997 年俄罗斯开始试点，设立报关手续中心和使用电脑的自动化监控系统，使企业主、外贸活动参与者与海关人员相互不见面，减少内外勾结走私、逃税的机会；把原先常驻外国的各大外贸仓库的海关人员召回，同这些仓库实现电脑联网，以免驻库关员被收买；俄海关委员会还成立内部安全局，负责检查海关人员的不法行为。越南政府为了解决其辖区内有边界线和海岸的地方政府对打击走私关心不够，以及存在的“有走私、民才富、国才强”的思想，出台扶持政策，加大投资力度，帮助这些地区加快经济发展和提高人民生活水平。为防止不法商人对稽查队员行贿，哥伦比亚成立反走私稽查队时，在稽查队内部还特意成立了专门对其成员进行调查的机构。

（三）密切国际合作

走私是一种国际性犯罪，因此反走私活动的国际合作至关重要。以前走私之所以屡禁不止，除了政治原因和经济原因外，各国之间缺少合作也是一个重要的原因。近年来，各国政府已意识到这一点，十分重视在现有基础上加强与其他国家、国际有关部门的合作。这种合作通常分为三类。一是同走私品原产国合作，如哥伦比亚就希望以此来堵住走私品的源头。俄罗斯同包括中国在内的65个国家签订了合作协定，来对付麻醉品、武器、知识产权和核材料等领域的跨国犯罪。二是与邻国进行合作，因为邻国之间漫长的边境线和海域往往是走私者的天堂。[①] 俄罗斯就与芬兰签署了交流进口商品报关价格信息备忘录，改进了对商品报关价的监督，提高了完税率，减少了俄原油运到芬兰加工为成品油后返回俄罗斯这个过程中的漏洞。三是国际多边合作。随着经济一体化和计算机网络技术的发展，各国越来越重视在多边和双边体制下通过协调和合作

① 张君毅：《反走私——世界性的课题》，载于《时事报告》1998年第9期。

来实现本国在缉私方面所承担的国际义务。如土耳其、罗马尼亚和保加利亚三国元首专门会晤，商讨共同打击毒品走私和有组织犯罪活动等问题。法国不仅积极参与了欧洲联盟规划的“海关2000年”行动，还与世界上27个国家签订了海关双边合作协议，使打击走私活动的斗争更有成效。目前，欧盟15个成员方海关的主要任务已经从打击商品走私，变为打击与刑事犯罪有关的贩毒、倒卖枪支及核废料和文物等走私活动，并且正在积极扩大各个领域的国际合作。此外，各国海关还普遍意识到，建立国际合作对于有效打击价格瞒骗案件是必须的，而且这种合作有利于及时掌握国际走私动态。首先，在畅通调查人员境外调查取证的渠道上下工夫，对于低瞒报价案件，从境外供应商和境内收货人两方面进行外围取证，堵死走私分子退路，境外供应商的证据尤其重要。其次，通过国际合作加大对走私货币出境的打击力度，使走私分子通过非正常渠道难以将货款汇出境外，从而进一步深化对低瞒价格案件的打击力度。最后，积极与外国海关和有关国际组织、商界开展反走私、反价格瞒骗的互助合作，在双方法律允许的条件下共同打击跨国界走私违法犯罪活动。奥地利海关风险研究中心聘用了一些高级知识分子担任研究人员，积极研究可能会走私到本国的外国产品的情况。总之，现代海关必须是国际化的开放的海关，要更多地参与国际海关事务，更大限度地参加国际海关公约，并积极为国际打击走私行动作出自己的贡献。

（四）加强监管

传统的监管模式不但增加通关成本，也使海关管理成本大大提高，管理资源严重浪费，已越来越不能适应现代市场经济的需要，因而是一种不经济的监管模式。许多发达国家的海关纷纷建立一种将简化的通关程序和严格的后续审计有机结合的新的海关缉私模式。各国缉私模式的最大特点：一是以企业为监管单元，把企业的进出口经营活动作为一个整体来把握；二是大力开展风险管理，并以风险管理为基础，运用计算机网络使大量高风险货物始终处于海关监管之中；三是以企业账册为重点，通过对企业账册实施严格的后续审计，并与口岸通关形成有机组合，增强企业守法自律；四是海关执法的各项方法和程序高度规范和透明，便于客户遵守，也便于社会监督。同时，各国海关还注意与企业建立良好的合作伙伴关系。由于传统海关素以“执法者”、“监管者”自居，客观上把海关与客户的关系人为地对立起来。与守法企业和政府有关部门建立良好的合作伙伴关系是贯彻“客户导向”管理思想的必然结果。一些国家海关通过与行业协会、守法企业签订 MOU（备忘录），在广大守法企业中推行“知法自律”活动，开展公共关系，建立海关与企业界的磋商协调渠道等多种方式，及时互通情况，团结一切可以团结的力量，调动一切可以调动的积极因素，共同打击走私违法、侵权行为，创造公平进出的竞争环境，维护企业合法权益，为促进经济政策和贸易政策的公平统一，从而为促进国家对外贸易的健康发展提供高效服务。一些国家海关还注重发挥对企业的指导作用，向社会公开估价法律制度、工作程序，明确进口商的权利义务，增强估价法律法规的透明度，提高企业自觉守法意识，防范违法犯罪现象。个别海关从规范入手，努力改善税收征管环境，促进企业守法自律，使企业不发生价格瞒骗行为，以维护良好的进出口秩序外部环境。此外，面对国际走私手段越来越隐蔽的特点，各国政府相继建立起了信息网络或资料库。如欧盟海关就已健全了信息中心和各国信息之间的互联网络，查获大宗的商品走私活动的许多重要途径都可以在网络上得到支持，一旦某种进口商品没有在海关登记，却在市场上大量出现，很快就会被欧盟成员方的海关查获。奥地利在利用信息网络方面有自己的独到之处，他们把海关工作人员分为两部分，一部分是穿着制服在前方各口岸履行职责的官员，另一部分是着便装在后方进行战略和风险分析的研究人员。前后方之间及各口岸之间通过计算机网络连接起来，这样由于有了后方的风险预告和风险系数高低的指导，前方缉私的准确率就会更大。为解决低报价和假报税单问题，巴西要求国内企业、国外使馆与国家联邦税务局密切配合，根据国际市场行情与各国商品物价，制定和建立了进口物品最低参考价，并输入电脑，供海关工作人员查询，发现报税单上物品价格有欺诈嫌疑，海关就要求进口商在指定银行存入相应的货物差价款。建立海关报税自动扣款制度，海关人员通过与银行系统联网的计算机，在审批进口货物的同时，就将相应的进口关税从进口商的银行账户上自动扣除。

第五章　我国反走私犯罪的经济对策研究

DI-WU ZHANG WOGUO FANZOUSI FANZUI DE JINGJI DUICE YANJIU

第一节 我国反走私犯罪实践

一、我国反走私斗争的发展历程

新中国成立以来，我国的反走私工作发展历程可以划分为两个时期：改革开放前和改革开放后。在改革开放前，由于处于计划经济体制下，走私活动缺乏市场环境，所以走私犯罪现象相对并不是十分严重，反走私工作处于起步阶段。这一时期的反走私斗争可以划分为两个阶段。

第一阶段是1945～1965年。在国家实行计划经济体制和对外贸易统制政策的背景下，海关反走私工作依据《中华人民共和国暂行海关法》，打击政治性、集团性、重大的走私活动，防止敌对分子颠覆新生的国家政权，打击重点是行邮渠道，严格查缉进出境行邮物品、生活物品走私。同时国家实行联合查私制度，要求在加强海关缉私的同时，从中央到地方都要开展联合查私：边防部门负责封锁国境海岸，防止偷渡和绕越海关的走私；公安部门负责重大走私案件的侦破；工商、税务、银行、铁路等各个部门都要开展打击走私活动。这一时期，海关和有关部门采取有效的措施，遏制了走私的发展。据统计，1950年到1965年，全国各地海关共查获走私案件44.2万多起。[①]

第二阶段是1966～1978年。这一时期进出境的政治性破坏活动再次活跃，毒品走私有所抬头，文物、贵重药材走私出境严重。“文化大革命”时期，对外贸易遭到破坏，大量海关机构被撤并，打私工作也让位于阶级斗争。

① 王福明著：《海关缉私》，对外经济贸易大学出版社1991年版，第20～21页。

1971 年开始恢复“文化大革命”前被撤并的一些海关查私机构，1973 年恢复执行《海关奖励查私办法》，1974 年恢复联合查私制度，1975 年全国海关关长会议提出重点打击有组织的政治破坏活动和重大经济破坏活动。在十年动乱期间，海关做了大量工作，从 1966 年到 1976 年，全国海关共查获走私案件 9.3 万多起，走私货物总值约 2300 万元。①

20 世纪 80 年代后，随着我国对外开放的扩大和深入，沿海地区走私犯罪活动日益猖獗，并逐渐蔓延到全国，如火如荼的反走私斗争也随之发展起来。这场斗争可划分为三个阶段。

第一阶段是 20 世纪 80 年代，也就是改革开放初期。这一时期，走私活动主要集中在广东、福建、浙江等东南沿海一带，走私的物品也主要是一些日常生活用品，如酒类、食品、服装等。针对这些走私活动，国务院于 1981 年在北京召开了东南沿海三省打击走私工作会议，制定了东南沿海三省第一次联合打击走私行动方案，首次向全国发出了反走私斗争的总动员令。同年，国务院和沿海三省相继成立了打击走私领导小组和办公室。在 1981 年到 1984 年短短的四年间，国务院就先后四次召开东南沿海三省打击走私工作会议，号召各省市政府的海关、公安、工商、税务等有关部门密切配合，开展打击陆上和海上走私犯罪的联合行动。特别是在 1984 年的第四次东南沿海三省打击走私工作会议上，进一步明确了打击走私活动的各部门职能分工，即各级打击走私办公室是各地政府部门负责打击走私的常设办事机构，协调组织海关、公安、工

① 王福明著：《海关缉私》，对外经济贸易大学出版社 1991 年版，第 22 页。

商、税务等缉私部门的缉私工作；海关是反走私的主管部门；公安部门要把打击走私作为自己的一项任务，加强缉私力量，抓紧组建列入武警序列的缉私艇队，公安边防海上巡逻大队、重点市县海上缉私中队要加强海上缉私；工商部门要通过市场管理稽查走私贩私活动，陆上缉私检查站列入工商部门管辖；税务部门要在税收的征收管理、审查账册、追查偷漏税等工作中注意查缉走私；渔政部门要主动配合缉私部门查缉海上走私。各缉私部门查获的不需要追究刑事责任的走私案件及有关走私物品，按各自分工，按照海关法规处理；各缉私部门查获的需要追究刑事责任的走私案件，按法律程序移送司法部门审理。在走私物品的处理上，从1985年1月1日起，海关查处走私案件的罚没收入50%上缴地方财政，20%上缴中央财政，30%由海关总署留作全国海关的缉私办案费用。其他缉私部门查处走私案件的罚没收入50%上缴地方财政，50%上缴中央财政。当时主要强调查缉，由谁处理不是主要问题。公安、工商对走私案件也按照《海关法》作行政处理或按投机倒把作行政处理。

第二阶段是20世纪90年代初期和中后期。在这一阶段，走私活动不断蔓延，从南向北，由沿海向内陆，几乎遍及全国的大部分地区，走私物品也由单纯的生活用品向高价值的汽车、家电、成品油等发展，企事业单位开始参与走私活动，行政执法单位也走私、护私。于是，1993年国务院召开新中国成立以来最大规模的全国打击走私工作会议，明确提出“海上抓、岸边堵、陆上查、市场管”的整体作战方针，实行综合治理、标本兼治，加强成品油进口管理和烟草专卖管理。明确了根据《海关法》、《邻海及毗连区法》和国务院的规定，海上缉私由海关和公安边防部门负责。银行和外汇管理部门把好贷款审批关和外汇支付关，防止贷款用于走私。组建了烟草拍卖行，把各缉私部门依法罚没的走私香烟都纳入拍卖渠道。海关与行业管理部门签署了合作打击走私备忘录。国务院调整了罚没收入上交办法，海关、公安、工商部门查缉的走私贩私罚没收入由1989年实行的100%交地方财政改为50%上交中央财政、50%上交地方财政，各缉私部门缉私办案经费由各自系统下拨。同时，基于这一期间乱查、乱扣、乱罚现象突出，东南沿海地区甚至出现少数执法单位违反国家规定，到香港、澳门水域甚至公海缉私，从而引发多起外交纠纷的状况，国务院于1996年提出了在走私严重地区建立反走私领导责任制，签订反走私领导责任书，把反走私斗争作为干部考核和评定政绩的重要内容，实施综合治理。海关、公安边防部门对查获的海上走私货物依法没收，对触犯刑法的当事人移送司法机关追究刑事责任；交通、渔政部门在行业管理范围内对走私船舶作行政处理，情节严重的取消有关船舶的营运资格或由发证机关吊销海员证和捕捞许可证；渔政渔监和港监建立了港口反走私责任制；各行业主管部门通过加强对企业的教育、监督，建立企业自律经营机制。在这种职权划分体制下，由于海关只有行政执法权而没有刑事执法权，而调查取证相对较难，所以大部分走私案件只能作行政处罚。

第三阶段是20世纪90年代末至今。20世纪90年代末，走私活动发展到高峰，法人走私泛滥，内外勾结走私、护私盛行，尤其是一些地方的党政机关和执法部门、司法部门的挂靠单位和人员也参与走私，而当时的缉私体制和制度又不健全，对走私打击不严、处罚不力。《海关法》规定的构成走私罪并应依法追究刑事责任的法律条款长期处于虚置状态。一些地方以罚代没、以罚代税、以罚代刑的现象严重，在一定程度上助长了走私活动的泛滥。

1998年国务院召开了最高规格的全国打击走私工作会议，明确提出改革中国缉私体制，实行“联合缉私、统一处理、综合治理”的缉私新体制，组建国家缉私警察队伍，实行海关与公安双重垂直领导、以海关领导为主的体制，专司打击走私犯罪活动；各级党政军机关和执法、司法部门全部限期与所办的公司在人、财、物等方面彻底脱钩；继续贯彻“海上抓、岸上堵、口岸查、市场管、处罚严”的缉私工作方针，建立以海关为主，公安、工商等执法部门联合缉私，对查获的走私案件由海关统一处理的制度，查获的走私物品和价款一律交由海关上缴国库；改革缉私罚没收支管理办法，缉私罚没收入全部上缴中央财政，中央财政留30%作为补税，其余部分的50%用于有关缉私部门改善缉私装备、办案、奖励缉私有功单位和人员，另外的50%返还给地方财政，由地方统一安排，主要用于反走私工作。到2002年，财政部又下文取消了缉私办案经费与缉私罚没收入的挂钩，取消了海关向移交走私案件的公安、工商等执法部门支付缉私办案费，由中央财政每年按2001年基数补助地方财政，再由地方财政拨给各级公安、工商执法部门，致使地方执法部门查获走私案件与经济利益出现了脱钩，导致执法部门移送海关的案件数明显下降，大多只作行政处罚了事。①

二、我国反走私工作取得的成绩

在二十多年的反走私斗争中，我国逐步确立了“联合缉私、统一处理、综合治理”的缉私新体制，并在实践中取得了一系列成效。这主要体现在：

① 参见郑海燕：《走私现象解读与中国缉私体制的实践研究》，浙江大学2005年硕士学位论文。

1. 大规模走私被有效遏制。1998 年以来，海关坚持依法行政，综合运用行政执法和刑事执法两种手段，针对重点地区、重点渠道和重点商品的走私违法犯罪活动，展开了声势浩大的反走私联合行动和专项斗争、打击价格瞒骗专项行动，打击涉税走私专项斗争等一系列专项斗争和联合行动，侦破了以湛江“9898”、厦门“4·20”、汕头“8·15”等案件为典型的一批内外勾结走私大要案，查获案件总值超过 600 亿元，猖獗一时的李琛、赖昌星走私集团等一大批走私犯罪集团受到毁灭性打击，一大批走私违法犯罪分子受到法律严惩。仅 1998 年至 2003 年，海关共查获走私案件 68092 起，案值 530.77 亿元，先后依法对 1804 名走私犯罪嫌疑人采取了强制措施，其中移送检察机关 9705 人，各级检察院起诉走私犯罪嫌疑人共 8368 人，各级法院审理各类走私案件 3924 起，依法对 5490 名走私罪犯进行了判决。公安机关共破获走私案件 14000 多起，案值近 20 亿元。工商部门共查获走私贩私案件 26914 起，案值 60.2 亿元。[①] 一度猖獗的大规模走私被有效遏制，打击走私取得了经济上、政治上的显著成效。1999 年以后，各执法部门每年查获的走私案件案值数开始出现明显回落，大规模的走私犯罪被有效遏制。

2. 海关税收大幅度增长。海关依法征管，综合治税，采取多种措施确保应收尽收，为增加中央财政收入作出了重大贡献。仅 2003 年一年，全国海关通过积极应对加入世界贸易组织的挑战，努力克服关税税率大幅下调、实施世界贸易组织估价规则等因素的影响，以税收为“轴心”，抓住下半年进口增长的有利时机，千方百计，克服困难，团结奋战，共同努力，全年征收关税和进口环节税净入库

① 参见海关总署署长在 2003 年全国打私工作会议上的讲话。

达3711.8亿元，再创历史新高。在扣除各项退税因素后，中央财政收入的增加额几乎全部由海关税收创造，海关税收在中央本级财政收入中的比重高达近30%。同时，税收征管质量、海关应征税和实征税之间的稳定性都有所提高，应税商品的价格差异程度缩小。

3. 维护了进出口经济秩序。1998年全国打击走私工作会议后，内地进口和香港进口的贸易统计基本趋于正常。1999年、2000年内地进口值比香港出口值高8%～9%，基本属于进口值和出口值之间运报费的正常差异范围。随着打击走私的深入，非法贸易受到有效遏制，正常贸易大幅上升。自1998年以来，全国外贸进出口以年均17.7%的速度递增，中国外贸出口的全球排名也不断上升。我国参与国际竞争和分工合作的机会越来越多，对外贸易依存度不断扩大，海关监管和打私有力地促进了外贸进出口和对外交往的快速健康发展，维护了国内相关行业、企业的合法利益，石油、石化、信息、纺织、冶金等国内重点行业、企业的生产经营环境得到改善，粮油、通讯器材、纺织原料、钢材等重点物品市场价格大都恢复到较合理的水平。

4. 缉私执法整体能力得到加强。海关、公安、工商和法院、检察院等执法司法部门的打私综合效能明显提高。新组建的海关缉私警察，在打团伙、破大案、抓逃犯方面发挥了主力军的作用。2002年以来，缉私警察共立案侦办案值千万元以上的大案471起，其中案值亿元以上案件50起。如当时南宁海关根据温家宝总理、吴仪副总理对广西沿海地区走私油品问题的批示，成功侦破了北海地区特大成品油、香烟走私案，案值近5亿元，偷逃税额约2.2亿元，到案犯罪嫌疑人207名，两名主犯被判处无期徒刑，一举打掉冼水平等3个走私团伙。成都海关成功侦破

“3·16”专案，案值人民币20亿元，涉税8亿多元。黄埔海关破获“2·17”尹照华团伙走私案，案值达18亿元，偷逃税款3亿多元。[①] 海关、公安、工商等执法部门在互通情报、协助调查、案件移交、案件追逃和船舶监护等方面发挥了重要作用，在一定程度上形成打击合力。

三、我国反走私工作的宝贵经验

随着反走私斗争的蓬勃发展，我国广大人民群众对于走私犯罪社会危害性的认识不断提高，全社会反对走私、打击走私的氛围已经逐渐形成。这一系列的成绩促使我们对于反走私运动越来越充满信心和斗志，也越来越注意总结经验和教训，以推动反走私运动进一步的发展。回顾过去的反走私实践，有以下几条经验值得借鉴。

1. 必须坚持和服从中央对打私工作的绝对领导。走私直接侵犯的是中央财政利益，它对地方经济的损害相对间接。有时候走私表现出一些假象，如可以活跃地方经济，甚至可以给某些单位、个别企业或者小团体带来利益，但这种暂时利益的获取却构成了对市场经济条件下公平、正常贸易秩序的破坏，甚至对当地企业、行业的健康成长也会带来致命损害。打私实践证明，没有党中央、国务院对打私工作所作出的英明决策和果断决定，没有中央的坚强领导和正确指导，没有缉私新体制的确立，打私工作将步履维艰。因此各地区、各部门必须从讲政治的高度，从国家的长远利益、国家大局意识的角度来认识打私工作的重要性，坚决贯彻和执行党中央、国务院关于打私工作的一系列指导方针和制度措施，统一思想认识、统一执法尺

① 海关总署：《积极推进反走私长效机制建设——中国加入WTO后全国海关有效遏制走私活动》，载于《WTO经济导论》2006年第1期。

度，使走私犯罪活动在全国上下失去“滋养地”、“庇护所”。

2. 必须依靠各相关执法机关的支持与配合，形成反走私工作的综合治理。海关打私工作之所以能够取得显著成效，与各有关执法部门对海关工作的有力支持和密切配合分不开。因为打击与防治走私是一项复杂的社会工程，需要多个工作步骤、多种执法手段和多个部门齐抓共管。近些年来，海关在打私实践中与公安、工商、税务、质检、环保等有关执法部门，与检察机关、人民法院不断密切工作联系，加强协作配合，并制定了行之有效的工作制度。在全国打击走私综合治理办公室的牵头下，地方各级人民政府对打私工作开始形成区域合作，并逐渐落实签订反走私领导责任制。反走私的综合治理工作如同一张社会大网，对走私违法活动形成了有效的控制。

3. 必须发挥刑事执法的重拳作用，并综合运用刑事与行政两种执法手段。我国打击走私工作之所以取得重大进展的另一个重要原因，是海关缉私警察组建后所发挥的刑事执法的威力。在7年的打私工作中，缉私警察充分发挥“打团伙、抓逃犯、破大案、摧网络”的作用，对走私犯罪活动给予毁灭性打击，有力地阻止了走私犯罪分子猖狂作案的势头。当前，虽然走私犯罪活动得以有效的遏制，但在进出口活动中，一些行政违法案件依然较多。因而，海关执法不仅要保持刑事执法的重拳威力，而且还要充分发挥行政执法在惩治、规范和教育方面的重要作用，正确区分案件的不同性质，将打击与保护、惩治与教育相结合，进一步提高缉私工作的执法策略与执法水平。

4. 必须与时俱进，锐意创新，不断开拓打私工作新局面。由于走私犯罪活动的涉案环节多，政策法律因素强，并且其犯罪活动的类型、手法时常处在发展变化当中，因而打私工作不断面临各种新课题、新难题的考验。面对上述情形，是因循守旧、墨守成规，还是勇于应对、积极进取？通过打私实践，海关缉私人员不仅摸索和掌握了应对和打击各种走私犯罪类型的策略与方法，而且与检察机关、审判机关联手解决了一系列的法律和执法难题，缉私业务不断地渗透多个经济领域。多年来的打私实践说明，缉私工作是在不断地克服各种难题、不断地扫除工作障碍以及不断地开拓工作新局面情形下奋力前进的。

四、我国反走私工作中存在的问题

当然，在看到成绩和经验的同时，我们也必须注意在我国的反走私工作中还存在诸多的困难和问题。无论是在思想认识上，还是在体制、机制、法制建设上，都存在诸多不适应的地方。这主要表现在：

1. 思想层面上存在误区。对反走私工作的认识还存在一定的思想误区。有些人，特别是基层的一些部门甚至领导干部中仍存在对走私见怪不怪，觉得在改革开放和搞活经济的情况下，出现走私是很正常的，不必大惊小怪的观念，这也就是许多人认为的“难免论”。有些干部还对于反走私的长期性认识不足，存在毕其功于一役的思想，希望通过一段时间甚至一两次战役，就取得反走私的“决定性胜利”。福建沿海走私回潮，此起彼伏，时起时伏等现象的发生，正是这一思想作用的结果。

2. 制度层面上不健全。制度层面上，管理体制不健全、外贸进出口机制改革不到位以及“外贸民营化”趋势的增强，导致了走私犯罪的滋生和蔓延。我国现行的外贸管理体制、国内市场管理体制以及财政管理体制不健全，存在不同程度的缺陷。在外贸管理方面，无论是从市场自主经营进出口化程度，还是管理体制的入世化程度，改革不彻底，仍带有明显的计划经济色彩，因而使走私分子极易规避外贸管制进行走私活动。在国内市场管理上，由于管理措施不健全，市场混乱，以至于不少地方私话泛滥，极大地刺激了走私犯罪的猖獗。在财政管理体制方面，由于我国实行中央与地方财政相分离的制度，不可避免地造成中央与地方的利益冲突，这也是一些地方包庇、纵容乃至支持走私活动的深层动因。此外，加入世界贸易组织后，国有专业外贸渠道和为国家创汇的职能，在对外贸易中的作用将越来越小，国家对外贸企业的扶持将减少，进出口业务将全面放开，“外贸民营化”将成为一种趋势。而民营外贸的竞争会使民营外贸企业中的一部分行业管理不规范的企业，因“市”利导，适应走私市场的需求而不择手段地“进出口”一些商品，并成为走私、贩私的一个新渠道。

3. 法律层面上存在漏洞。我国海关立法由于体系结构的原因，再加上宜粗不宜细的立法思想，使相当多应规定的问题没有规定，造成海关法律规范的欠缺。法律层面上，立法上的漏洞、执法上的缺陷，助长了走私分子的侥幸心理。近年来，随着海关法制建设的逐步完善，许多走私行为被纳入法律调整范围。但在对走私犯罪的执法活动中，仍存在着监督不力、有法不依、执法不严的现象，表现为对走私犯罪分子不是依法严惩，而是以补代罚、以罚代税、以罚代刑。刑事打击的不力，助长了走私分子的侥幸心理，给走私分子带来一种安全感。实践中，许多走私分子因只受到行政处罚而未及时受到刑事制裁，导致其犯罪心理进一步强化，更加有恃无恐地实施走私犯罪活动，其犯罪规模和程度也愈来愈严重，使得走私犯罪活动屡禁不止。

4. 反走私工作存在诸多不适应，潜藏着一定的执法和廉政风险。首先，缺乏执法的统一性和协调性，走私违法分子容易钻空子。如甲海关关区开展某项打击走私的专项行动，乙海关关区并不同时开展，走私分子容易转移走私阵营，这势必影响缉私的整体效果。其次，执法质量参差不齐，一些单位“重实体，轻程序”现象突出，办案程序不规范，证据收集不规范，强制措施不当，执法标准不统一。对同一类案件，有的采取刑事措施，追究刑事责任，有的采取行政强制措施，实施行政处罚，造成定性和处罚尺度不一，不利于打击走私活动。

5. 海关工作机制不适应。多年以来，海关监管模式改革在“细查细验”与“简便放开”间徘徊，容易出现“一收就死”、“一放就乱”的失衡局面，在一定程度上是由于没有将缉私工作与业务改革有机融合，没有找到监管业务“方便”与“制约”的平衡点所造成的。近几年海关在构建现代海关制度的过程中，设计新的海关作业模式以及快速通关改革等，忽略了缉私与业务结合这一环节，缉私部门对新通关模式的不尽了解，对快速通关的作业模式是否存在监管漏洞或薄弱环节未能及时进行研究并提出应对措施，削弱了对走私违法的防范作用，影响了通关作业改革的整体效果。同时，海关机构改革后，稽查功能弱化，又使稽查失去应有的作用。

6. 缉私能力不足。风险分析和情报经营的渠道不够宽，缉私情报工作存在基础薄弱、与海关业务的联系配合机制不健全等问题，导致缉私的整体效能无法发挥。在海关成立的缉私警察队伍仍然存在思维方式、工作机制、人力配置等方面融合、配合不够的问题。此外，长期以来，海关缉私物质条件落后，缉私力量薄弱，缉私人员素质参差不齐，难以有效地完成缉私任务。随着经济的发展，走私犯罪活动正朝着组织化、智能化、高科技化方向发展，这种状况已不能适应打击走私犯罪的要求，也难以有效地查缉走私犯罪。

7. 队伍廉政风险很大。不法分子拉拢、腐蚀海关工作人员，利用海关管理薄弱环节的手法不断翻新，方式更加隐蔽。有的关员在金钱的诱惑下，放弃了职守和尊严，直接沦为走私分子的帮凶。一些重大行动和重大案件因跑风而流产。查获的多起走私大要案，均涉及海关内部执法腐败问题，这对打击走私工作带来严重威胁。

总之，新形势下打私工作面临的困难和需要解决的问题依然不少。对此，海关及相关执法部门必须保持清醒的认识，在中央的路线、方针、政策的指引下，运用科学的理论和方法，长抓不懈，才能卓有成效地进行反走私。

五、目前我国政府反走私斗争的方针、目标和工作重点

我国政府提出反走私要认真贯彻“打防结合、综合治理、突出重点、坚持不懈”的方针，扎扎实实地做好打击走私的各项工作。本届政府任期内，打击走私的目标是：进一步完善有关法律法规和“联合缉私、统一处理、综合治理”的反走私体制，探索建立标本兼治的反走私长效机制，不断提高反走私的能力和水平，确保大规模走私不回潮，智能化、组织化、职业化、群体性小规模分散走私活动得到有效遏制。实现这一目标，既要立足当前，又要着眼于长远，必须综合治理，标本兼治。要着力抓好以下几方面的工作：第一，突出重点，继续开展打私专项斗争。国务院决定，在全国范围内开展大规模打击走私专项斗争，并适时组织联合行动。打私专项斗争和联合行动，动作要快，力度要大，措施要严，打出气势，打出威风，充分展现党中央、国务院打击走私的决心。各地打击走私专

项斗争的情况要及时报告，国务院将组织进行督促检查。第二，狠抓大案要案，始终保持打击走私的高压态势。要集中力量和时间，侦破一批案值大、逃税多、危害重、影响坏的重特大案件，摧毁一批仍在猖狂作案的走私犯罪团伙。对于法人走私，既要依法严厉处罚法人，更要严厉追究法人代表和有关当事人的责任。不论案件涉及什么人、什么单位，都要一查到底，决不姑息。第三，大力整顿进出口秩序，规范企业进出口行为。整顿进出口秩序，加强口岸管理，规范企业进出口行为，是从根本上遏制走私的基础工作。海关、公安、工商、质检、商务、税务、金融等部门要各司其职，密切配合，完善制度，形成一张监管严密、运作高效、反应灵敏的打私网络。第四，进一步完善有关法律法规和制度，健全缉私体制。第五，继续运用信息技术等现代科技手段，提高反走私能力和水平。财政部门对监管、缉私装备投入要予以大力支持。第六，加强领导，落实责任，深入持久地开展反走私斗争。一是加强宣传教育，统一思想认识。二是加强领导，进一步落实反走私责任制。①

总之，严厉打击走私犯罪活动，是党中央、国务院作出的重大决策和部署，是一项长期的、艰巨的斗争。做好这项工作，对于保障国民经济健康发展，整顿和规范市场经济秩序，维护国家经济安全和社会稳定，具有十分重要的意义。所以，反走私工作要继续按照党中央的综合治理总方针，在总结以往打击走私活动中所积累起来的经验和教训的基础上，不断探寻反走私的战略和措施。只有这样，反走私工作才能取得更大的成绩。

---

① 参见 http：//dsb. zhanjiang. gov. cn/list. asp？ id =% C9% CF% C7% E9% CF% C2% B4% EF。

第二节　我国反走私犯罪对策的经济理性分析

我国反走私运动的一个显著特点就是它不仅是由国家发起的，而且在这场运动中起主要作用的也是政府本身。政府作出各种反走私决策，然后由所属的组织、机构和人员加以实施。决策能否见效不仅取决于决策木身的质量，还受内部执行人员的执行行为的影响。执行得好会使决策目标得以实现，反之则难以达到预期效果，甚至会产生其他恶劣的社会影响。我国走私犯罪的低成本、高收益现状在很大程度上就是由反走私过程中的执行不力造成的。所以，任何一项政府决策行为不仅要对决策本身的意义及目标加以考虑，而且还要顾及执行主体各方的利益关系，这样才能真正地调动其执行的积极性以取得预期的效果。下面笔者借用经济学原理对反走私目标及执行过程中的利益关系进行探讨，以期建立反走私对策的理性基础。

、反走私目标

目的决定手段，采用什么样的手段主要取决于所要达到的目标。所以，在对具体反走私犯罪经济对策进行研究之前，我们必须面对的一个问题就是反走私要达到怎样的目的。任何事物都有质和量两个方面，对反走私问题也应作定性和定量两方面的分析。在笔者看来，对反走私进行定性分析所要解决的一个核心问题就是是否应该反走私，即反走私斗争所具有的意义；对反走私进行定量分析则要明确反走私措施所能达到的目标，也就是说最优的反走私水平。对于前一个问题，笔者在对我国反走私现状进行经济学分析时，通过研究走私犯罪对经济的不利影响，已经明确了反走私斗争所具有的现实意义，即走私危害社会，应该进行反走私。而对后一个问题，我们则需要再次从经济学理论中寻找答案。

首先，如前所述，只要国与国之间存在商品差价，存在国内贸易管制，走私活动就不可能消亡。走私活动的规模与国家经济体制的形式、关贸往来的多少直接相关。大量的走私现象是市场经济体制的伴生物，频繁的对外贸易活动为走私提供了更多的契机，促进走私经济的发展。一定限度内的走私不仅不会造成社会的灾难，而且还会对社会的经济发展起一定的积极作用：从个人的角度看，走私活动在某种程度上是走私人针对试图最大化其收入的政府采取的自我保护措施；从资源配置的角度看，走私在一定程度上又可以冲抵政府配置资源（如关税和配额）的低效率。所以，制定反走私措施的目标并不是完全消灭走私现象，这既不理性也不现实。

其次，反走私和走私一样也存在成本和收益的问题。犯罪经济学认为，犯罪预防的费用是国家和社会对付犯罪而支出的成本或代价，其旨在获得的收益是犯罪以及犯罪所造成的损害的减少，在犯罪预防问题上也体现经济规律，也需要进行成本和收益的比较分析。走私犯罪是直接逃避海关监管，偷逃税的行为，由于走私的专业性，打击走私需要设立专门的缉私机构，而这又需要国家投入，其投入产出比较分析的经济特性十分明显。对政府而言，不可能无限制地提高打击走私的力度，因为提高查获率，加大处罚力度，需要加大人力和物力的投入。如果政府投入于打击走私的成本过高，高到接近甚至超过走私带来的损失时，就丧失了打击走私的意义。正如美国著名经济学家布坎南所述，政府行为不计成本，或者所计成本不精确，会造成三个后果：一是导致社会资源浪费；二是导致政府服务质量下降，服务价格上升；三是导致对政府活动监督失灵。所以，从社会角度来确定一个现实的反走私水平是制定反走私对策的当务之急。在这里我们建立反走私的边际成本和边际效益的关系模型。

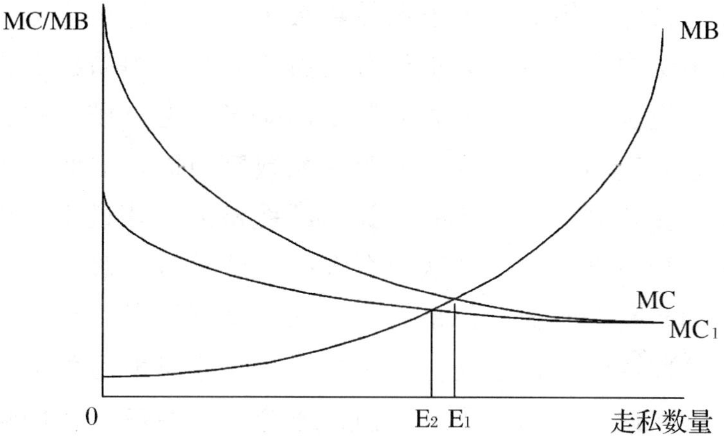

图 5－1 反走私的边际成本和边际效益的关系

其原则是反走私的边际成本（MC）等于边际收益（MB）。如图 5－1 所示，横轴为走私数量，纵轴为反走私的 MC 和 MB。反走私水平很高时，反走私的边际成本是较低的，而反走私的边际收益是较高的。随着走私数量的减少，反走私的边际成本会越来越高，而边际收益则递减。因此，最优的反走私水平在 MC = MB 时实现，可确定最优的走私数量为 E1。如果能够降低反走私的边际成本，如将反走私的边际成本从 MC 降低到 MC1，则最优的反走私水平也会下降到 E2，社会可以做到消除更多的走私。因此，降低反走私的边际成本（如降低反走私的交易成本、信息成本以及提高反走私技术和效率等）是反走私的重要途径。

二、反走私过程中的利益关系

要分析反走私过程中的利益关系，我们就必须借助新政治经济学的公共选择理论。公共选择理论认为："如果把参与市场关系的个人当做效用最大化者，那么，当个人在非市场内行事时，似乎没有理由假定个人的动机发生了变化。至少存在一个有力的假定，即当人由市场中的买者或卖者转变为政治过程中的政治家或官员时，他的品性不会发生变化。"[①] 公共选择理论把"经济人"假说由经济市场推广到政治市场，并认为个人在经济领域和政治领域的行为动机是一致的，都是为了追求自身利益最大化，担任政府公职的人同样是理性自利的人，绝不可能因为从经济市场转入政治市场之后，就由追逐个人效用最大化的自利者变成"大公无私"的利他者，并不再受其自身利益引导，而是对国家利益和目标的承诺。政治市场追求的个人利益不仅仅是货币收入、物质享受等纯粹的经济利益，而且还包括了权力、尊严、名誉、社会地位等难以用纯经济尺度衡量的"利益"。个人是社会秩序的基本组成单位，政府只是个人相互作用的制度复合体，政府官员通过复合体作出集体决策，去实现他们相互期望的集体目标。政府过程本身是一种复杂的交易过程，只是交易的对象与经济市场的交易对象不同，是公共物品，甚至是公共权力。理想中的政府承担着维护和促进社会公共利益的职责，政府的政策是基于全社会和整个国家的利益考虑的，但事实上政府利益包括组织、部门和政府官员个人利益。在政治市场上，人们建立起契约交易关系，一切活动都是以个人的成本收益计算为基础。政府追求自身利益的最大化就是使

---

① 陈国权、曾军荣：《人性预设转变与公共行政理论变革》2003 年版。

税收最大化和政府官员的收入最大化。我们从中外实例中也不难证明这一点。1984 年，美国洛杉矶奥运会为市政府挣得 2.25 亿美元的利润。1999 年至 2003 年，我国实行“联合缉私、统一处理、综合治理”的缉私体制，全国海关征收关税和增值税 13713.68 亿元。[①] 从理论上看，反走私的利益获得者既包括国家，也当然惠及国家的各组成部分地方，但是中央政府是这一体制的直接受益者，因为关税全部上缴中央，地方没有分成，而只是间接的获利者。但地方与中央也有利益冲突之处，即地方作为个体对总体的限制进行突破，本身就是获取利益的有效途径。根据资源稀缺规律，在其他条件相同的情况下，只有这些整体外的例外，才会有高于整体均数的回报。国家在制定反走私对策时不会过多地考虑某一地方的利益，而更多地看到中央与地方利益一致的地方，或考虑更多的是中央与地方利益的协调。

利益关系是社会关系的内核，经济人假设在政治领域的运用突显了自利和公共利益的可调和性，因而组织的至关重要的问题在于，如何设计一种格局和规则使每个人在追求自身利益最大化的同时也增进共同利益。只要有良好的法律和制度的保证，经济人追求个人利益最大化的自由行为会无意识地、卓有成效地增进社会的公共利益。政府只要提供法律保护伞，保持公平的、自由竞争的社会环境，那么市场就会通过交换的作用，自动地协调经济人的行为，形成一种自发的经济秩序。在看不见的手的指引下，经济人自利行为彼此协调，实现了个人利益和公共利益的和谐，达到了个体理性与集体理性的一致，即激励兼容。实现公共利益的途径应由消极防止官员滥用权力侵害

① 参见 http：//baoguan. net. cn/bbs/dispbbs. asp?。

公共利益转变为如何在承认官员个人利益的前提下激励、引导官员积极提高公共服务效率和质量，即设计一种制度将个人利益与公共利益协调、相容。所以，反走私决策必须考虑各利益主体，包括各级地方政府、各缉私执法部门的权力结构和力量的对比。根据“囚徒困境”，合作对交往双方所带来的利益更大，对双方都有好处。在反走私的过程中，一些缉私执法部门会特别关注自己的利益，并竭力运用行政权力去争取这些利益的实现，可能导致部门与部门之间、中央与地方之间陷入利益纷争之中。因此，缉私的过程实际上表现为各缉私执法部门相互冲突、相互影响、相互作用的过程。政府部门个体利益的选择影响着又受制于别人的选择，国家利益的选择是个体、部门利益选择的均衡，各利益主体因自身利益而进行各自的选择并展开激烈的利益竞争，又必须为竞争秩序和共同利益而合作。因此，反走私的过程是各利益主体多重博弈、重复博弈和合作博弈相互交错的结果。所以，反走私的对策必须以各执法部门的利益获取与国家总体利益获取达到某种平衡，地方利益与国家利益达到某种均衡为原则。

第三节　我国反走私犯罪的宏观战略

犯罪学理论认为，犯罪预防就是根据对犯罪原因的科学分析，采取有针对性的措施，割断或者削弱犯罪及其原因之间的因果联系的行为体系。它以对犯罪原因的科学分析为前提，是针对犯罪原因而采取的一系列行为措施，其目的旨在破坏或削弱犯罪及其原因之间的因果联系，使原因不能决定或引起它的相应后果。犯罪预防是一个综合多种力量，运用多种手段，采取各种措施，以防止、控制和减少犯罪及重新犯罪的举措体系。这些举措，就其性质而言，有战略的、战术的、策略的、方法的等；就其内容而言，有政治的、经济的、行政的、法律的、文化的、教育的、技术的等。综其性质与内容，可总称为预防犯罪方略。[①] 反走私犯罪也是如此。由于形成走私犯罪的原因是多方面的，既包括宏观的社会原因、经济根源，也包括微观的个人选择，走私所造成的影响波及社会的政治、经济、文化等多个领域，这就决定了反走私不能单从某一个角度进行考虑，不是一个单一主体、单一方法的简单应用，它是综合主体、综合方法的系统应用，是一个综合的防治体系。反走私作为世界性的课题，已超越了国家的层次，成为全社会的共同任务。所以在本书中，笔者从政治、经济、法律、社会心理等方面对反走私进行宏观战略的考量。

一、反走私的社会战略

我国是人民民主专政的社会主义国家，人民是国家的主人。所以，反走私斗争要取得成效，就必须取得广大人民群众的认可和支持。我国是发展中国家，人民群众日益增长的物质文化需要和社会生产力水平还存在差距，大量便宜的走私物品恰恰弥补了这种差距，结果导致普通群众对走私犯罪的认识不清，进而产生了政府反走私、老百姓买走私的尴尬局面。所以，要切实发挥反走私工作的效率，首先就要在群众中大力开展有针对性的法制宣传，发挥法律的威慑作用，让群众充分认识到，走私同样是一种严重的犯罪行为，切勿以身试法。其次，要纠正各种“走私致富”、“走私搞活经济”、“打私创收”、“打私与己无”等错误思想，加大宣传力度，使干部群众充分认识到走私

① 冯树梁主编：《中国预防犯罪方略》，法律出版社1994年版，第3页。

活动的严重社会危害性，从政治上、从国家长治久安的高度来认识反走私斗争的重要性和紧迫性，增强抓好反走私工作的政治责任感，从思想上扭转对走私活动和反走私工作存在的错误认识，营造出一种抵制走私光荣、走私贩私可耻的社会风气。此外，对于一些走私活动严重的沿海地区，当地政府要积极发展养殖业、水产品加工业等产业，为群众解决生活问题，引导群众走上勤劳致富、合法致富的道路。

二、反走私的法律战略

走私是一种犯罪行为，所以运用法律手段来反走私是反走私这一概念的应有含义。我国的《刑法》、《海关法》、单行法规、上级领导有关政策指示等都对走私活动的处理作出了规定，但还未形成一个比较完备的有关处罚走私活动的法律法规体系。因此，反走私必须首先加强有关走私犯罪的立法活动。此外，在司法实践中，要充分运用法律武器，依法严惩走私分子，并且注意以下几点。一是在考虑构成走私犯罪的情节严重的走私行为时，除了考虑走私物品的价额和获利数额外，还要考虑走私的手段、危害程度和追缴走私货物、罚款情况等。有的地方把情节严重的走私行为单纯地确定为走私物品的价额或获利的一定货币、数额，这是不全面的。有的走私分子虽然走私的货物不多，获利不大，但是手段十分恶劣，社会危害性很大，如走私淫秽物品和黄色书画，以暴力抗拒检查，殴打缉私人员或抢夺被扣留的走私物品等行为，如不认为是情节严重的走私行为，既不符合《刑法》规定的精神，又不适应复杂的客观实际情况，助长了走私犯罪分子的嚣张气焰。二是注意数罪并罚。走私活动往往同盗运珍贵文物出口、贩卖毒品、投机倒把、行贿受贿等活动联系或交织在一起，对这种案中有案、一案多人的情况，一定要依照《刑法》规定严格区别走私罪与其他犯罪的性质，在其他行为独立构成另一种犯罪的前提下，按照《刑法》的相关规定，正确执行数罪并罚的原则。

三、反走私的经济战略

牟取暴利是走私行为的原动力，因此，处罚的力度不仅要达到使违法者无利可图，还要其受到其他直接的经济损失才有可能奏效。所以，制定反走私的经济战略是反走私的关键。要做到这一点，必须从两个方面着手。一是通过提高查缉率，降低走私行为的成功率。要加强专业缉私队伍建设，强化缉私人员的业务培训、廉政教育和政策法制教育，提高缉私队伍的政治素质、业务素质。坚持依法行政，提高执法水平，严格缉私纪律，规范缉私工作程序。要重点打击走私活动猖獗的区域，集中清理整治走私货物泛滥的地区，坚决堵住走私货物的销售渠道，加大对生产性原材料、香烟、汽车和机电产品走私的打击力度，加强对重点敏感商品的监管，加强检查，严禁蒙混过关。二是要加大对已查缉的走私人员的处罚力度。司法机关在处理走私案件时，除按规定全部没收走私货物和走私所得外，还要根据情节轻重处以相应数额的罚款，真正使走私分子无利可图。

四、反走私的政治战略

在反走私运动中，国家承担着主要的任务。可以说，如果没有国家力量的介入，反走私只能是少数企业的行为，根本无法得到社会的共识。所以运用行政手段来反走私，对于整个反走私工作具有重要的战略意义。具体而言，针对当前法人走私、地方保护主义、反走私单位各自为政等现象，必须充分运用行政手段，从宏观上协调、控制整个反走私工作。一是要建立健全反走私工作领导责任制，把反走私工作成效直接与当地领导干部的政绩挂钩，对那些走私严重、长期不治的地区，当地领导应列为不称职领导，而且要追究领导责任。此外，上级党委、政府要认真加强对基层落实反走私领导责任制工作的指导、检查和监督。对走私严重、长期得不到治理的地区，其上级领导机关要组织工作组，由干部人事、纪检监察、财政审计和执法司法部门参加，组织和开展执法检查，要针对当前反走私斗争中存在的局部海域走私活动猖獗，一些市场私货交易屡禁不止，武力抗拒缉私和暴力哄抢私货的恶性案件时有发生，以及对走私货物罚款放行和明察暗保等突出问题，明确有关地区抓好反走私工作的具体要求和标准，通过反走私领导责任制的完善和落实，限期扭转反走私工作的被动局面。二是要强化对走私活动的综合治理。打击走私活动涉及方方面面，要遏制走私活动的猖獗势头，单靠海关、公安、工商等执法部门加强查缉是不够的，而要充分运用行政手段，使各部门密切配合、通力协作。首先，在宏观控制上，发改委、经贸委、商务部、中国人民银行等经济管理部门和有关产业主管部门，要针对重点走私物品，从进口税率、产业政策、产业管理、企业守法自律经营等多方面加以研究，制定和实施有效措施。其次，在实际工作中，要加强反走私综合治理，海关、工商、公安、边检、渔政、交通、税务、银行、外汇管理部门等要密切配合，加强沟通，形成合力，充分发挥各自的职能作用，调动各方力量，共同打击走私活动。三是对法人参与走私要予以重罚。法人参与走私，是在市场经济条件下产生的新问题，仅以 1994 年上半年有关部门统计的数字为例，全国海关查获的百万元以上走私大案就有 218 起，案值人民币12.21亿元，分别占同期全国海关查获总量的48%和22%。[1] 因此，应对法人参与走私的问题予以足够的重视，在处罚方面，对法人参与走私要予以重罚。首先对法人处以经济制裁，对该企业处以罚金、没收货物和非法所得；其次对直接责任人及主管人员要根据其违法犯罪情节追究刑事责任。此外，上级行政主管部门还应运用行政手段，对主要负责人予以降级、撤职、开除公职等处理，不能以“集体决定、集体负责”为借口来推卸单位主要领导人的责任。

第四节　我国反走私犯罪的微观经济对策

走私的目的是获取经济利益，走私危害最大的也是社会的经济秩序，所以从经济的视角来进行反走私是抑制走私犯罪的根本性措施。下面笔者就利用经济学原理，结合国内外反走私的实际经验，对我国的反走私工作提出若干建议，以期能对今后的反走私运动有所借鉴。

一、利用新闻媒体，扩大社会宣传，增加走私的心理成本

走私者的心理成本是走私产生的客观基础之一，包括其道德观念的改变和所面临的社会舆论压力。增大走私者的心理成本是与我国反走私的社会战略相一致的，这就要靠加强公众教育来实现了。加强公众教育的主要目标是要在全社会造成对走私犯罪的排斥感，强化走私分子的社会心理压力。而达到这一目标的一个关键因素就是要充分发挥新闻媒体的作用。在发达国家，报纸、广播、电视等新

① 唐志：《沿海地区走私活动之探究》，载于《山西警官高等专科学校学报》2002年第4期。

闻媒体被称为社会的“第四种权力”，他们广泛报道社会生活，揭露社会黑暗面，监督各种社会问题的产生和解决。可以说，新闻媒体已成为制造公众舆论、进行社会监督的先锋力量。而反观我国的新闻媒体，则始终坚持“报喜不报忧”的原则，即使报“忧”也是因为其中存在着“喜”的成分，如对走私犯罪，特别是那些涉及国家权力的大型走私犯罪的报道，始终集中在国家反走私所取得的成绩上，而没有去主动发现问题，发现在反走私过程中国家权力所存在的不足，强调走私的社会危害和反走私的社会责任。于是，在公众眼中，反走私仅仅成为国家的事情，似乎与己无关，难以真正形成对走私犯罪的社会排斥感，更无法形成广泛的社会监督。这样一来，不仅走私分子在进行走私行为时没有心理压力，没有道德上的负担，而且社会公众也不会对走私犯罪分子另眼相看，使走私分子不用承受其他犯罪行为所承受的社会舆论压力。这种社会氛围在无形中消解了走私分子进行走私行为时所应承担的心理成本，使走私所需的直接成本仅包含物质上的损耗，使走私分子的走私行为变得更加无所顾忌。所以，要反走私，必须充分发挥新闻媒介的力量，扩大对走私危害的社会宣传，使人们认识到“如果不打击走私，国家税收损失严重，与每一个公民利益有关的教育、医疗、科研、国防、交通、城市基础设施、职工福利等各种经费都将减少”。[1] 让每一个人都感到走私犯罪与己相关，从而在心理上排斥走私，厌恶走私，自觉地反对走私。一旦形成这样的社会心理氛围，不但使走私分子在打算走私时要面对内心道德的谴责，而且由于人人反走私使走私市场也无立足

① 从亚军：《我国打击走私激活市场经济》，载于《记者观察》1999 年第 1 期。

之地。即使走私顺利进行，取得了经济利益，广泛的社会监督力量也会使走私分子难以遁形，从而在根本上抑制走私的蔓延。

二、缩小国内外商品差价，整顿国内市场，降低走私收益

决定走私收益的一个直接因素就是国内外商品的差价。差价大，走私的利润高；差价小，则走私的利润低。所以，缩小国内外商品的差价是抑制走私活动的一个关键性措施。国内外商品差价的产生主要取决于两个因素：一是本国的生产力水平；二是贸易管制制度。就前者而言，目前我国的生产力水平还相对较低，产品无法与国外产品相竞争，所以要降低我国国内商品与国外商品的价格差异，只能靠加快经济建设的步伐，提高生产力水平，降低生产成本，提高产品质量。一旦商品国内国外悬殊差价消失，走私牟取暴利的可能性就消失了。而对于后者，我国一直以来都实行相对较严的外贸管制制度，关税、进口许可证等限制措施限制了外国商品的平等竞争。以关税为例，我国入世之前一直实行高关税，税率过高，不仅国家收不到税，而且使走私分子在高倍率经济利益的驱动下，甘愿冒着“坐牢杀头的风险”走私。入世以后，我国对关税税率进行了下调，但减让后的关税仍然偏高。目前，发达国家平均关税水平为3%，WTO成员方平均关税水平为6%，而我国到2005年仍有10%，大大高于国际平均水平，加上我国还有17%的进口环节增值税消费税，因此偷逃税款相当有利可图。再加上我国的关税减让是逐步进行的，走私犯罪活动的驱动力、刺激力仍是较大的。合理的税率对走私活动有遏制作用，要有效地遏制走私，就应当考虑降低关税率和进口配额限制，改用其他方式来实现对国内有

关产业的保护，以争取逐步与国际惯例接轨，消除关贸政策的负面影响给走私带来的刺激。此外，整顿国内市场也是我们目前面临的紧要任务。当前，私货销售渠道越来越向集约化、专业化、市场化发展。如在广东沿海地区，就有多处专门销售私货的汽车市场、摩托车市场、香烟市场、电器市场，这些市场虽经多次整顿，但私货交易至今仍有很大的规模。有的私货销售市场还直接与铁路等运输部门挂钩，为购买私货的客户提供购货、托运一条龙服务。此外，还有专门非法拼装汽车、摩托车的加工厂，这些拼装用的汽车、摩托车零件全部是走私进来的。[①] 可以说，这些遍布全国各省市的私货市场是走私犯罪得以存在的一个重要原因。走私犯罪分子能够很容易地从市场购买到自己所需要的物品偷运出境，他们走私进来的物品也能轻易地在市场上售出，这无疑为其走私大开方便之门。因此，要强化市场监管，坚决打击私货交易行为。对已取缔的私货市场要严密监管，切实防止死灰复燃；对有可能形成的新的私货交易场所，要严加防范，把各种私货交易活动消灭在萌芽状态；对问题较突出的市场，要组织专门力量进行检查，狠抓走私贩私大案要案的查处。总之，加强对国内市场的管理，使国内市场规范化、有序化，是断绝走私犯罪分子货源，堵住犯罪分子货流，从而控制和预防其犯罪实施的一项有效措施。具体而言，应按照整顿市场的要求，从以下几方面入手：一要建立市场管理责任制，坚持谁主管谁负责的原则，使市场管理工作落到实处；二要坚持地方政府负责制原则，当地政府对其领导下的行政区域内的市场，有职责建立管理机构；三要坚持法治原

① 唐志：《沿海地区走私活动之探究》，载于《山西警官高等专科学校学报》2002 年第 4 期。

则，用法律来管理市场，建立井然有序的市场秩序，促使经营者通过正当合法的渠道进货，依法经营，建立便于清晰高效地检查监督的市场运行机制，并运用法律武器惩处走私贩私等违法行为，保护合法经营者的利益。

三、完善法律法规，提高走私案件的侦破率，加大走私犯罪的惩罚成本

首先，随着行政许可法的全面实施，迫切需要建立良好的法制环境，没有法律法规，就没有行动的依据。目前，由于相关法律、法规的滞后，已经制约了反走私工作的深入开展，完善反走私法律法规已经成为反走私工作的紧迫任务。“由于经济犯罪过程同经济发展运动相联系，经济活动的合法与非法、罪与非罪界限之确定具有很强的政策性，如果界限过宽，将不利于打击经济犯罪活动；如果界限过严，那么可能造成在遏止经济违法犯罪活动的同时，也遏止了市场经济参与者从事经济活动经济性的结果。”[①] 所以，应紧紧围绕社会现实尤其是司法实践加强走私犯罪的立法工作，尽快补充和修改有关的立法漏洞，同时大力加强立法解释、司法解释工作，以解决现实存在的司法困惑，促进反走私司法的有效运作。其次，法律的真实生命应当而且永远存续于实际的司法运行之中。[②] 加大走私的惩罚成本主要与走私行为被发现的可能性，即走私案件的侦破率，和对走私者的惩罚力度有关。因此，加大走私的惩罚成本，就需从两方面入手。一方面要加强缉私力量。缉私是反走私斗争的最直接最有力的手段之一，加

① 杨敦贤、谢宝贵著：《经济犯罪学》，中国检察出版社 1991 年版，第 23 页。

② 李国如、张文：《刑法实施应贯彻罪刑法定原则》，载于《法学研究》1999 年第 6 期。

强缉私工作，提高走私案件的查获率，可以有效地消除走私分子的侥幸心理，打消走私欲念，减少走私犯罪。目前，一些缉私人员对走私的严峻形势认识不足，认为我国加入 WTO 后降低了关税，走私活动就会随之减少，反走私工作可以松口气了。也有人认为，通过近年来持续保持反走私高压态势和一系列联合行动和专项斗争，大规模走私活动得到了有效的遏制，走私犯罪活动总体局势平稳，团伙犯罪、走私大要案、走私案值等各项指标都有明显的下降，由此产生了“厌战、麻痹、松劲”情绪，长期作战的思想准备不足。所以，加强缉私力量建设首先就要进一步增强对反走私工作重要性的认识。“反走私工作是一项严肃的政治任务，事关国家和人民的利益，事关改革发展稳定的大局，事关经济和社会的发展。如果任由走私泛滥，不仅会影响社会的稳定，人民的安宁，而且还可能断送改革开放和现代化建设事业的成果。反走私工作是一项重大的经济斗争。走私犯罪活动严重扰乱社会主义市场经济秩序，引发不公平竞争，冲击国内产业，损害国家经济利益。什么时候打私工作抓得紧，经济就发展，什么时候打私工作松懈，经济就受影响。”① 另一方面，要提高走私案件的侦破率，加强反走私的经费投入，改善反走私条件，配备先进的反走私装备，以应对越来越智能化、专业化的走私活动，同时要加强司法队伍建设，针对当前走私违法活动的状况和查处走私犯罪案件业务中存在的疑难问题，运用各种教育手段，提高侦查办案、审案的反走私人员的政治素质和业务能力。除此以外，更重要的是建立统一、高效、专门的惩罚走私犯罪的机构，赋予其独立的侦

① 广东省人民政府打击走私治理办公室：《反走私必须建立长效机制——广东省的实践探索》，载于《红旗文稿》2005 年第 3 期。

查权、逮捕权、起诉权，使其有较强的独立性，以改变我国存在的反走私体制不顺，职能交叉，权威不够，独立性差，效率不高的状况，使之能更有效地打击走私，增加惩罚走私的可能性，减少走私。这样不仅可以使一些欲走私者因感到随时可能被发现而感到惩罚成本太高、风险太大而放弃走私，而且能使因我国反走私机构职责不清而导致升高的惩治走私的成本降低下来，从而使同样的付出获得更多的收益。

其次，要提高走私犯罪的惩罚成本，还必须加大对走私者的惩罚力度，从而增加走私的预期成本。执法部门要廉洁自律，严格执法，对待走私活动在态度上不纵容、不支持、不偏袒、不参与，处罚上不手软，使腐败官员和非法走私者最终要为走私付出最大的成本，成本可以是收益的几倍、几十倍。体现在量刑上，主要是应当扩大财产型的适用范围及数额。这是因为走私罪是经济犯罪，获得经济利益是其主要动机，对此类经济犯罪，动用死刑等重刑作用是有限的。刑罚对走私的威慑作用，关键在于加大附加刑的使用力度和使用范围，从犯罪动机上遏制走私犯罪，而这正是我国《刑法》需要予以完善的。《刑法修正案（八）》减少了13个经济犯罪的死刑适用，这是我国《刑法》的一个重要发展。目前，各国对走私犯罪都普遍重视财产刑的使用，包括罚金和没收财产等，而且详细规定了罚金的标准，包括相当于走私货物、物品价值多少倍的罚金和相当于所逃税额多少倍的罚金。如美国刑法对走私犯罪的一般量刑是单处或并处5000美元罚金。法国刑法规定采用出口、进口转移支付或补偿等方式从事或试图从事法国对外金融业务的，没收非法所得并处违法或试图违法金额1至5倍的罚款。反观我国《刑法》，虽然也规定了并处没收财产、并处或单处罚金，但除了走私普通货物、物品罪规定了偷逃税额倍数外，其他个罪并未具体规定罚金数额。走私罪的行为人主观上是以牟取非法利润或暴利为目的，因此对走私犯罪分子绝不能仅处以刑罚就了事，一定要注意从经济上予以制裁，在判处刑罚的同时给予适当的经济处罚，有的还可以并处没收财产的一部或全部，尤其是对重大走私犯罪更应如此，否则就会使走私分子在经济上占便宜，不足以教育或打击走私犯罪分子。

四、引入海关风险管理机制，更新海关管理模式，降低反走私成本

目前，海关稽查所面临的主要问题是：海关稽查的对象是一切与进出口活动有关的企业、单位的进出口活动，而海关稽查的人力、物力等资源却相对不足。如何解决这一问题，既使绝大多数的守法者获得最大的通关便利，又能够打击重点，使违法企业、单位感到威慑，提高稽查的查获率。此时，选准海关稽查的重点对象，确定稽查的内容和步骤，就显得尤为重要。而风险管理机制的引入无疑会对这一问题的解决提供帮助。风险管理作为一种管理思想和管理方法最早起源于银行业和保险业，目前在贸易界、工业界等许多产业已经得到成功的运用。为了适应全球贸易化发展的需要，努力解决海关既要有效监管，又要简化手续、便利国际贸易这对矛盾，保障贸易安全，风险管理为海关实现解决这对矛盾提供了机会，将其作为一种先进的现代海关管理手段，已经为世界各国海关所重视，并在海关监管和执法的实践中得到积极的运用。

风险分析是风险管理的关键环节，风险分析工作贯穿于海关监管活动的始终，在整个风险管理作业流程中起着至关重要的作用，是核心部分，是实施风险决策的依据，也是难点所在，它体现了整个风险管理的工作水平。把握风险分析的基本方法，对严厉打击走私犯罪，维护国家正常的经济贸易秩序有着重要的现实意义。风险分析必须根据环境条件变化、风险对象的性质特征和占有信息数据的具体情况，不断调整、创新风险分析的方法和手段，提高风险分析的科学性和实用性。目前，风险基本分析方法主要有交叉分析法、极端分析法和比较分析法。

（一）交叉分析法

交叉分析法是通过多种指标分析结果取“交集”（即多种指标同时显示），据以判定交集内具体目标的风险程度高低。越多指标同时集中显示的目标，其相应的风险水平越高。

交叉分析法的依据主要是基于海关管理对象量大而质杂，进行风险分析时，单一指标评估准确性有限，必须从多角度、多要素对管理对象进行风险识别和衡量，多种风险指标的综合应用有利于提高分析的准确性。

用“交集”的方法去筛选高风险目标，这在风险分析工作中被广泛应用。其基本步骤如下：

1. 根据风险分析对象的性质特征，识别风险，设定风险评估的多种指标；

2. 对风险分析对象按每一指标进行分析评估，形成从不同角度筛选的各目标集；

3. 将各结果进行比较，取交集，越是交叉重叠的部分（即越多指标指向的目标），说明风险越大；

4. 根据交叉的具体情况和海关管理资源选定高风险目标作为风险处置对象。

交叉分析法不但能了解一组分析对象（观察值）的分

布特性，而且对于了解所有分析对象（观察值）与目标趋势之间的关系十分必要。这种关系通常用“离散趋势”描述。所谓离散趋势是指分析对象关于中心的分散程度。

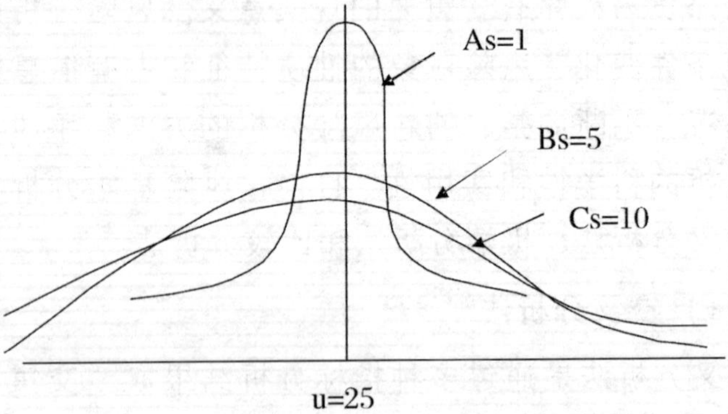

图 5－2　离散趋势

图 5－2 中，三份资料 A、B、C 所对应的曲线都是对称分布，而且平均数 U、中位数和众数都是 25，但是数据的分散程度差别却很大。其中，资料 A 的数据最集中，B 次之，C 最分散。因此，3 个度量目标趋势的值的代表性差别也很大：A 的代表性最好，B 次之，C 最差。离散趋势帮助我们了解目标趋势的可靠性，所以资料关于中心的分散程度也是变量特性分析的重要内容。

（二）极端分析法

极端分析法是按某个标志值将分析对象进行排序后，取其两头的极端数据进行深入分析，以查找风险或提炼风险要素。

极端分析法的主要依据是进出口贸易虽然种类繁多、数量庞大，但其中大多数是合法的、正常的，只有极少数是因为差错或故意而违反海关监管的。因此，对监管数据而言，应该是趋于正态分布，即按某个标志值排序后，位于中间的大部分数据为正常值，只有处于两端的极端值可能反映出某些异常情况。极端分析法在实践中主要被应用于集装箱运载重量分析、低值报关单分析、毛净重对比系数分析、转关运输时间分析。其基本步骤主要包括:

1. 将要考察的对象按某个标志值由小到大（或由大到小）排列;

2. 根据需求选取两头数据，上下分位数的选取可根据实际需要作适当调整;

3. 分析并发现风险日标。

在数据统计中，极端平均法主要是按照一次移动平均的方式来分析。一次移动平均对原数据列分段后，逐段平均得到，以一组20个数据为例说明相关步骤。

第一步，选择一个适当的求平均值的数N，本例N=4。

第二步，将数分段N=4:

第一段，排序为1，2，3，4的数;

第二段，排序为2，3，4，5的数;

……

第十七段，排序为17，18，19，20的数。

第三步，计算每一段的平均数，其计算公式为:

$$M_i^{(1)} = \frac{X_i + X_{i-1} + \cdots\cdots + X_{i-n+1}}{N}$$

其中:

“i”为周期数;

“M_i”为第i个周期的平均数;

“(1)”为一次移动平均数的标志;

“N”为分段数，当$N=1$时，不作平均，得到的仍是原始数据;

“X_i”为第i个原始数据。

其计算结果得到一次移动平均数据。

（三）比较分析法

对有内在联系的可比的统计指标进行比较，借以分析事物的本质及其规律性。对比的内容主要有：纵比（时间上的对比），如同比、环比、定比；横比（空间上的对比），如国内外之间、地区（部门）之间、单位之间的对比；点和面的对比，如个别与一般、部分与整体的对比。我们可以通过对管理对象从时间、空间、定量等方面进行对比，以及作横向、纵向、点与面的比较，发现其中的异常变化，分析潜在的风险，提出有针对性的解决措施，严密海关监管。

比较分析法的主要方式之一是概率分布，而二项分布则是概率分布最常用的方法。比如我们用 P 表示事件 A 发生的概率，用 q = 1 - p 表示事件 A 不发生即（A）的概率。连续做 n 次试验，事件 A 出现 K 次的概率可以用 EXCEL 中的 BINOMDIST 计算，其计算公式是：

$$C_n^k p^k q^{n-k} = (n_k)\ p^k q^{n-k} = \frac{n!}{k!\ (n-k)!} p^k q^{n-k}$$

引进随机变量 x，试验 n 次，$p\{x=k\}$ 表示在 n 次试验中，A 事件出现 K 次的概率。由 $k=1$，…，n 计算得该随机变量的分布，称为二项分布。

二项分布的比较分析方法主要有以下几个方面：

1. 纵比。纵比主要是与去年同期（月、季、年）对比，与上期对比，与特定时期或历史最好水平对比。通过不同时期的海关业务数据和进出口数据进行比较，利用时间序列分析，确定特定分析对象在某一特定时期的异常变化，从而找到可能存在的风险。

2. 横比。不同关区之间、不同部门之间、不同企业之间，同关区、同部门、同企业内部单位之间，在可比的条件下，进行广泛的对比，分析其数据异常，从同类现象在不同地点、条件下的差异程度中找出可能存在的监管风险。

3. 与平均水平（平均数、众数、中位数）比。这三种参照值都基本上能反映特定分析对象在一段时期的变化情况。如果分析对象在某一时刻的变化与这一特定参照值有较大的异常，风险分析人员就要针对其变化异常，分析数据变化的合理性，找出可能存在的风险点，做好风险防范工作。

4. 与特定参照值比。比如，与预测值、理论值（最大值、最小值）进行比较，表明风险可以接受的极端程度。

在实践中，风险分析人员可借助现有的风险管理平台、执法评估系统、通用数据下载分析系统等计算机系统，运用以上风险分析方法，对大量的信息数据进行搜集、整合、分析。在此基础上，筛选出重点对象作为高风险目标，采取相应的处置措施，这样就可以节省大量的人力、物力资源，降低反走私的成本。

五、限制地方保护主义，加强干部队伍廉政建设，减少寻租

“进行规模化走私的基本要素有三个：雄厚的走私资金、现代化的走私工具、必要的走私保护。三个基本要素缺一不可。”① 反走私不仅要反对走私分子的走私行为，还要杜绝各种护私的发生。可以说，正是由于存在种种对走私犯罪的保护行为，才使得反走私运动举步维艰。这种非法的保护力量主要来源于两方面：一是地方保护主义；二是官员腐败。具体而言，首先由于中央财政和地方财政各自分开，又允许竞争，因此地方保护主义的出现也就带有

① 彭宁川：《浅析走私经济的形成与发展》，载于《公安研究》1996 年第 6 期。

一定的必然性。而地方保护主义又加剧和助长了走私的猖獗，因此要消除地方保护主义。针对当前的情况，对于地方保护主义应当采取两种措施。一是进一步完善分税制以深化财税体制改革；切实转变政府职能，恰当界定地方政府在经济发展中的作用，适当扩大地方的经济自主权，创造一个由中央宏观调控而地方又有较大自主权的宽松环境，使地方在经济上有较大的自由空间，从而弱化地方上强烈的自我保护意识，促使其地方保护主义相应减弱。二是在政策上和法律上健全中央对地方经济管理方面的制约机制，在放宽外贸政策的同时，强化管理职能，用法律来保证和加强中央政府的权威和声誉，矫正和克服地方政府（特别是沿海地区的地方政府）的短期化行为和地方保护主义，使地方保护主义减弱。其次，干部队伍的腐败在走私犯罪活动中也起着推波助澜的作用。美国学者 Kimberly 认为，走私最常见的手法是贿赂海关官员，并且直接导致了海关机构的腐败现象，造成国际贸易和国际投资的扭曲；在走私减少了政府海关收入的情况下，政府就必须采取措施予以整治，实施反走私。[①] 曾经曝光的广东省湛江海关、深圳海关以及福建省厦门海关的特大受贿案让人触目惊心。这些海关内部官员为了一己之利，置法律于不顾，以身试法，行贿受贿，内外勾结，或纵容，或支持，或直接参与走私，不仅严重地损害了政府的形象，而且造成国家税收的巨大损失。如果政府不对这种腐败行为加大力度予以惩处，就会更加助长走私蔓延的势头。所以，反走私必须与反腐败相结合。目前在我国要惩治腐败，特别是消除海关腐败并遏制走私的最有效的手段就是要减少各

① 金百利主编：《腐败与全球经济》，刘勇、李宪、刘斌译，北京出版社 2000 年版，第 104 页。

种寻租机会。现代经济学普遍认为，一般条件下，腐败与寻租有着密切的联系。凡有“租金”的地方以及国家官员分配“租金”可以为所欲为时，就可能产生腐败行为，在其他条件相同的情况下，政府官员对企业动作或公民生活的自由裁量权越大，腐败产生的可能性也越大。政府的干预、管理妨碍了市场竞争的作用，创造了少数有特权的人获得超额收入的机会，经济学上把这种超额收入叫做“租金”，而把谋求得到这种权力以取得“租金”的活动称作“寻租活动”。“海关腐败官员和走私商的寻租，是在政府委托海关征收关税的过程中，由于信息的不对称和海关官员的机会主义以及因政府委托的权利使设租成为可能，而造成的腐败官员与走私商谋取非法利益的行为。”[①] 腐败现象离不开公共权力的运用，而腐败是否成为现实则要看腐败的成本，只有当人们认为腐败的预期收益高于成本，腐败才真正发生。这种成本分析也类似于一种投资活动，投入的是失去权力、失去自由，甚至是失去生命的风险，获得的是通过正常劳动所不可得到的巨大的物质利益。如果他们认为从事腐败的成本太高，风险太大，腐败不会发生。[②] 走私暴利的存在，使得受贿成本即腐败官员的寻租收益相当可观，再加上我国现阶段还存在着法制不健全，体制不尽合理，某些地方、某些部门执法不严的客观事实，导致海关寻租现象大量存在。要减少寻租，加强廉政建设，可以从以下几方面着手：（1）建立完善的监督体系。首先，可借鉴新加坡、香港廉政机制改革经验，在监督成本的预算之内，成立专门的海关监督部门，这样可加

① 周新苗：《政府、海关、走私商寻租行为的博弈分析》，载于《数量经济技术经济研究》2004 年第 5 期。

② 官聪慧：《腐败的经济原因及对策》，载于《辽宁经济》2005 年第 1 期。

大走私商的寻租成本（他不得不买通两道关卡）和海关官员的机会成本，提高寻租活动的风险系数。要充分发挥该监督机构的作用，提高对寻租活动的监督效率。其次，从世界各国的实践看，遏制腐败的最强大力量是社会监督。因此建立缉私执法行为检举制度，并设立缉私执法检举奖励基金，对检举属实者给予一定的物质奖励，对待检举做到事事有回音、件件有着落，以确保执法的公正性和透明度。此外，还要注意改变监督主体受制于监督客体、监督主客体信息不对称、监督力量分散等不便于履行监督职责的因素，提高缉私执法法律法规政策的透明度，实施政务公开、阳光化缉私执法活动，使缉私执法的运行处于公众的视线之中，最大限度地减少权力运行的随意性。（2）加大打击力度。一方面惩治要从严，如发现地方政府或各级干部参与走私，包庇走私分子或者为其说情，要毫不姑息迁就，严惩不贷。另一方面对于性质相同、行为表现相同、腐败程度相当的违法违纪行为，必须毫无例外地予以一致的定性处理，承担同等的法律责任，避免出现对同样的腐败行为惩处的结果完全不同等现象。（3）建立防范制度。反腐败多为事后追惩性的措施，而防腐败则是事前预防性的手段，能够从源头上防止腐败的发生，比腐败严重到非反不可时再来“亡羊补牢”要科学、合理得多。所以，立足于未雨绸缪，建立防腐败制度具有十分重要的价值。对此可以作如下考虑：一是建立公职人员的财产申报制度。公职人员财产申报制度对于预防和发现政府官员谋取不正当财产具有积极的功效，是世界公认的对付官员特别是高级官员贪污受贿等腐败行为的最有效的手段之一。大多数西方发达国家先后实行了政府官员申报财产制度。因此，在各缉私执法部门内实行缉私执法人员财产申报制度，对于缉私执法人员利用职权为个人谋取私利将起到抑制作用。财产申报制度应明确财产申报主体，财产申报内容，财产申报的监管与惩罚，对缉私执法人员的动产、不动产、存款、工资、津贴及交通工具等财产收入全部公布于众，将财产置于法律及公众的监督之下，起到监督权力主体的作用。同时督察部门定期和不定期地开展财产稽查，对不如实申报的给予重罚。二是制定以薪酬计划为主的海关官员激励制度，高薪养廉。执法人员自身的贫困化是权力商品化的重要因素之一。所以，政府可根据海关稽查走私的效果建立奖励机制，缩小正当收益与寻租收益的利益缺口，促使海关工作人员努力为实现国家的利益而作为。让海关官员充分地意识到：工作本身不但能带给他们较高的社会地位（而寻租行为有可能使其在一夜之间沦为阶下囚），而且在工作中从事“生产性”的寻利行为要比从事非生产性的寻租行为成本更低，收益更大，使海关官员感到丰厚的高薪报酬高于寻租收入，即加大寻租的机会成本以削弱海关官员的寻租动机。(4) 加强海关队伍的文化素质建设。重视海关队伍中精神因素对寻租动机的影响，强化海关官员的荣誉感和职业道德教育，唤起他们的责任感和敬业精神，让他们感到自己追求的是高层次的需要，即从事海关工作既得到了物质上的需要，又满足了精神需要，以此弱化海关官员的寻租动机。

六、健全市场经济管理制度，减少反走私成本

中国有句俗语，叫做“防患于未然”。如果能在走私犯罪发生之前就有效地加以抑制，将大大减少社会资源的浪费。所以，要反走私首先应在源头上杜绝走私的发生。目前在走私犯罪活动中，“从走私犯罪主体来看，个人走私活动的规模、渠道和手段十分有限。对国民经济危害较大的是法人的走私犯罪。这些单位渠道畅通、手段先进，

有各种关系，走私可以打着种种名义，还有一些主管单位各方面的保护，甚至有部门和地方利益渗在其中。这就使得一些法人走私无所顾忌，无法无天，走私品大量流入国内。"[①] 所以，如何抑制这类走私犯罪已成为反走私的重要任务。对此，笔者认为，如果能够通过建立一套新的制度安排，形成正面的激励机制，引导和促进外贸进出口企业自觉守法，将更有利于防范和打击走私。特别是在我国加入WTO后，海关作为国际贸易和对外交往的促进力量，所承担的进出境监管任务越来越繁重。随着经贸往来的增多，传统的监管模式已经越来越难以满足需要，建立新的监管模式势在必行。美国等发达国家的监管经验已经表明，要在庞大的监管业务量面前，既能"管住"，又不陷于疲于应付的被动局面，就必须采用"以人为主"的信用管理。走私是人的行为，对于这种行为既有赖于严格的法治，也有赖于企业的信用意识。所以，提高企业的信用意识将在很大程度上抑制走私的发生。对此，从国家的角度应考虑建立健全企业守法信用评估体系，实行信用监督和失信惩戒制度。要在目前海关已经实行企业分类管理的基础上，建立海关、公安、税务、金融、工商、经贸统一使用管理、资源共享、信息互联的企业档案综合数据库，制定统一的企业信用评定标准，实行企业"红、黑名单"管理，实施对进出口活动的全程监控，营造良好的市场经济秩序。同时将企业信用度向社会公开，实施企业信用与优惠措施挂钩，确定不同信用等级企业可享有的相应贸易便利措施，以及违反相关信用管理规定的相应处罚规定。对高信用企业给予信贷、行政程序等方面的优惠与便利，实

① 周天勇：《在反走私中保持国民经济的健康运行和持续增长》，载于《理论前沿》1998年第19期。

施最大限度的贸易便利，赢得最广阔的发展空间。对不守信用者严格管理和监控，设置适当的通关障碍，对信用差、发生走私违法的企业建立黑名单；对违法企业实施“黄牌”警告制度，予以公开曝光，增加不守信用者重塑信用形象的成本，把打击走私变为防范走私，打击走私端口前移，直至最终让不法者无藏身之地，确保综合治理的有效落实。一旦广大企业有了不守信用代价惨重的压力，企业信用管理的内在约束机制也就基本形成了。同时，还可以比照国外企业监管方式，建立企业担保制度。对资信不好、管理不善的高风险企业，在其经营与进出口活动有关的业务时，通过银行担保、债券担保、不动产担保等多种形式，加强监管，防止走私后人去楼空，变成事实上的空案。风险担保制度本身就是对守法企业的保护和对不法企业的震慑，可以有效地防范走私违法活动，促进企业公平竞争。此外，在对进出口企业实行守法评估的同时，还要开展对行业守法评估，以促进行业守法自律和对企业的约束。世界海关组织（WCO）一直推崇的关企合作模式也很值得借鉴。这种方式通过海关与企业签订备忘录（MOU），明确各自的责任、权利和义务，降低海关监管成本，提高企业效率，建立海关与企业的平等合作伙伴关系，推动规范企业管理和贸易便利化的有机结合。

总之，正如美国犯罪学家波尔·卡苔基所言，“有利益的地方就会有犯罪”。[①]只要有走私利益存在，走私犯罪就仍将继续存在，在某些时候、某些方面还可能表现得比较尖锐，走私犯罪还有可能猖獗。因此，我们一定要保持高度戒备，克服麻痹思想，坚持常抓不懈，始终保持对打

① ［美］杰西卡·米特福德著：《美国监狱内幕》，法律出版社 1987 年版，第 63 页。

私的高压态势，积极行动起来，调动一切社会力量加入到反走私的斗争中来，注意加强各部门间的合作。要将海关、工商、金融、税务、检察、法院等部门统一协调起来，组织开展打击走私、骗税、骗汇等违法犯罪行为，形成打击走私链的铁拳。海关要加强对企业的后续稽查和管理，提高海关打防结合的整体水平。工商管理部门要强化企业登记监督工作，把好进口商品国内市场准入关，加强市场监督检查，缩小非法进口商品的生存空间，切断走私链的私货销售和经营环节，使走私非法利润得不到兑现。税务部门要从增值税环节入手进行税务稽查，强化财税监督作用，规范企业财务规章制度，防止经营者利用税务票证和假票证出售私货。金融和公安部门要合作打击走私的资金流，通过加强外汇管制，加强对企业资金流的管理，控制资金往来，堵住走私钱款非法出境的渠道，截断走私分子的资金来源，严惩洗钱、非法付汇等违法活动。外经贸主管部门对国家税务部门认定有骗取出口退税行为的出口企业，要依据有关法律法规的规定，视情节给予处罚。商贸部门要加强对行业协会的管理，规范企业行为。宣传媒介要加强对干部群众的法制教育，宣传打击走私的法律法规政策，教育群众遵纪守法，发动群众积极举报走私违法行为。司法部门要严格依照法律对走私犯罪分子进行严惩，决不心慈手软。同时，还要注意加强信息沟通，收集走私犯罪信息，掌握走私犯罪活动规律。收集犯罪信息不仅包括来自群众的揭发、检举、控告、反映，还包括与中央各情报部门建立协作关系，加强与公安部门、国家安全部门、纪检监察部门、工商行政管理部门的情报联系，真正做到资料共享，实现网上缉私。特别是在我国加入 WTO 之后，随着经贸往来的频繁，将有更多的企业直接参与到国际竞争中去，从事走私活动的机会也大大增加。这就要求我们一方面要熟悉 WTO 规则，熟悉世界贸易组织成员方特别是发展中国家的走私犯罪的现状和反走私的具体经验，结合我国的国情研究走私犯罪发展态势和热点，掌握走私犯罪的最新动态，对入世后走私犯罪的重点和热点早作分析，研究对策，有针对性地采取预防措施，防患于未然，尽量减少走私犯罪的发生，对可能变化的走私犯罪的手段、方法、对象和走私渠道等，找出对策及时调整，争取主动权，有的放矢地采取缉私行动；另一方面特别要加强国际合作，与国际刑警组织、海关合作理事会及亚洲、太平洋地区的沿海国家的情报组织加强情报交流。在国内走私严重的地区要建立情报网，实施标本兼治，全方位遏制走私犯罪蔓延的势头，最大限度地铲除走私活动得以滋生的温床和土壤，为我国的改革开放和市场经济创造一个良好的外部环境。

参考文献

一、参考图书

1. 平狄克：《微观经济学》（第 1 版），中国人民大学出版社 2000 年版。

2. 金雪军：《微观经济学》（第 1 版），浙江大学出版社 2000 年版。

3. N. 格里高利·曼昆：《宏观经济学》（第 1 版），中国人民大学出版社 2000 年版。

4. 朱柏铭：《公共经济学》（第 1 版），浙江大学出版社 2002 年版。

5. 朱柏铭：《公共部门经济学》（第 1 版），浙江大学出版社 2002 年版。

6. 乔林碧、王耀才：《政府经济学》（第 1 版），中国国际广播出版社 2002 年版。

7. 毛寿龙：《有限政府的经济分析》（第 1 版），上海三联书店 2000 年版。

8. 何力平：《市场经济与政府职能》（第 1 版），黑龙江人民出版社 2000 年版。

9. 盛洪：《现代制度经济学》（第 1 版），北京大学出版社 2002 年版。

10. 加里·贝克：《生活中的经济学》（第 1 版），华夏出版社 2003 年版。

11. 宋浩波：《犯罪经济学》（第 1 版），中国人民公安大学出版社 2002 年版。

12. 周林彬：《法律经济学论纲》（第1版），北京大学出版社1998年版。

13. 卢建平：《经济法》（第2版），浙江大学出版社2001年版。

14. 王意家、甄鸣、孙国权：《中国海关概论》（修订版），中国海关出版社2002年版。

15. 张群：《中外关税税制比较》（第1版），中国财政经济出版社2002年版。

16. 高融昆：《中国海关的制度创新和管理变革》（第1版），经济管理出版社2002年版。

17. 端木君：《海关调查学概论》（第1版），上海三联书店1997年版。

18. 海关总署海关法修改工作小组：《中华人民共和国海关法释义》，2000年版。

19. 海韵：《厦门远华大案》（第1版），中国海关出版社2001年版。

20. 贺卫：《寻租经济学》，中国发展出版社1999年版。

21. 詹姆斯·布坎南：《自由、市场和国家》，北京经济学院出版社1998年版。

22. 提摩西·格林：《国际走私秘闻——现代走私世界内幕》，群众出版社1991年版。

23. 易小准、唐小兵：《新刑法与走私犯罪》，西苑出版社1998年版。

24. 谢伟：《关税政策与轿车工业发展》，《汽车工业研究》1998年版。

25. 世界贸易组织秘书处：《贸易走向未来——世界贸易组织（WTO）概要》，法律出版社1999年版。

26. 《世界贸易组织（WTO）基础知识》，全国海关教育培训中心编2000年版。

27. 张晋藩主编:《中国法制通史》，法律出版社1999年版。

28. 李明、陈观福主编:《现代犯罪趋势》，警官教育出版社1994年版。

29. 莫开勤、颜茂昆:《走私犯罪》，中国人民公安大学出版社2003年版。

30. 张希坡:《中华人民共和国刑法史》，中国人民公安大学出版社1998年版。

31. 贝卡里亚:《论犯罪与刑罚》，黄风译，中国法制出版社2000年版。

32. 陈晖、邵铁民:《海关法释解》，上海财经大学出版社2002年版。

33. 赵星:《走私犯罪侦查》，中国海关出版社2002年版。

34. 黄芳:《走私犯罪的定罪与量州》，人民法院出版社1999年版。

35. 高铭暄:《刑法学》，北京大学出版社2000年版。

36. 韩春雁，朱春阳:《新刑法与走私犯罪》，西苑出版社1998年版。

37. 梁择奇:《国际走私内幕》，鹭江出版社1985年版。

38. 陈晖:《走私犯罪论》，法律出版社2002年版。

39. 钱舫、许道明:《走私罪的认定与处理》，中国检察出版社1998年版。

40. 丁煌著:《西方行政学说史》，武汉大学出版社1998年版。

41. 杨敦先、谢宝贵主编：《经济犯罪学》，中国检察出版社 1991 年版。

42. 金百利主编：《腐败与全球经济》（第 1 版），刘勇、李宪、刘斌译，北京出版社 2000 年版。

43. ［美］杰西卡·米特福德：《美国监狱内幕》，法律出版社 1987 年版。

二、参考期刊

1. 李春：《析我国当前走私犯罪》，载于《云南警官学院学报》2005 年第 4 期。

2. 黄利红：《走私犯罪特点、原因和对策》，载于《犯罪与改造研究》2000 年第 3 期。

3. 唐志：《沿海地区走私活动之探究》，载于《山西警官高等专科学校学报》2002 年第 4 期。

4. 周天勇：《在反走私中保持国民经济的健康运行和持续增长》，载于《理论前沿》1998 年第 19 期。

5. 逸民：《走私——阻碍经济发展的毒瘤》，载于《时事》1998 年第 6 期。

6. 金泽虎：《从关税保护原理看走私的负面影响》，载于《铜陵财经专科学校学报》1999 年第 2 期。

7. 姜善模：《走私犯罪对我国社会经济发展的影响》，载于《山东公安专科学校学报》1999 年第 2 期。

8. 夏南新：《走私对我国经济危害性分析》，载于《统计研究》1999 年第 5 期。

9. 郑海燕：《走私现象解读》，载于《公安学刊》2004 年第 5 期。

10. 许雄奇：《走私与反走私的经济学分析》，载于《重庆工学院学报》2004 年第 1 期。

11. 黄利红：《走私犯罪特点、原因和对策》，载于《犯罪与改造》2000 年第 3 期。

12. 张君毅：《反走私：世界性的课题》，载于《时事报告》1998 年第 9 期。

13. 韩正忠：《国外打击走私面面观》，载于《价格与市场》1999 年第 2 期。

14. 陈国权、曾军荣：《人性预设转变与公共行政理论变革》2003 年。

15. 丛亚平：《我国打击走私激活市场经济》，载于《记者观察》1999 年第 1 期。

16. 李国如、张文：《刑法实施应贯彻罪刑法定原则》，载于《法学研究》1999 年第 6 期。

17. 广东省人民政府打击走私综合治理办公室：《反走私必须建立长效机制——广东省的实践探索》，载于《红旗文稿》2005 年第 3 期。

18. 彭宁川：《浅析走私经济的形成与发展》，载于《公安研究》1996 年第 6 期。

19. 周新苗：《政府、海关、走私商寻租行为的博弈分析》，载于《数量经济技术经济研究》2004 年第 5 期。

20. 官聪慧：《腐败的经济原因及对策》，载于《辽宁经济》2005 年第 1 期。

21. 曹贵乾：《论走私罪》，载于《江苏公安专科学校学报》1999 年第 5 期。

22. 段晖：《走私罪刑事立法论》，载于《湘潭大学》2002 年刑法学硕士论文。

23. 程志宏：《走私犯罪的立法现状与司法困境》，载于《中国刑事法杂志》2001 年第 1 期。

24. 甄鸣：《近代海关警史探微——关于缉私警察制度的历史启示》，载于《现代法学》1999 年第 1 期。

25. 陶芳:《论我国现行缉私体制之完善》,浙江大学2004年硕士毕业论文。

26. 黄利红:《论走私犯罪的危害性及其对策》,载于《广西社会科学》2003年第7期。

27. 苗有水:《走私犯罪的认定及法律适用》,载于《人民司法》2002年第9期。

28. 倪德锋、孟昊:《我国走私犯罪的现状分析与对策思考》,载于《政法学刊》1999年第2期。

29. 欧阳正仲:《偷税的经济分析》,载于《税务与经济》1997年第3期。

30. 孙烽:《关税、走私和福利效应》,载于《财经研究》2001年第9期。

31. 侯云先、于丽英:《走私抑制效应及反抑制定性分析》,载于《上海大学学报》2001年第5期。

32. 胡隽:《"入世"后走私犯罪的特点、成因及对策》,载于《山东公安高等专科学校学报》2002第6期。

33. 符慧:《新西兰海关与消费税法简介》,载于《建立现代海关制度的研究与探索》1998年5月。

34. 陈筱丽:《海峡两岸海关缉私法律法规之比较研究》,载于《建立现代海关制度的研究与探索》1998年5月。

35. 许雄奇:《走私与反走私的经济学分析》,载于《重庆工学院学报》2004年第1期。

36. 李占伟:《对走私行为的经济学分析》,载于《许昌师专学报》2001年第1期。

37. 江泽民:《在全国打击走私工作会议上的讲话》,载于《人民日报》1998年9月1日,第1版。

38. 梁金成:《澳大利亚海关制度改革对我国海关改革的启示》,载于《建立现代海关制度的研究与探索》1998年5月。

39. 李剑洪、孙梦吉:《深化缉私体制改革建立反走私长效机制》，载于《“全面建设现代化海关”获奖论文选》2003 年 12 月。

40. 梁清华:《依法打私中的问题及其解决》，载于《中国海关管理干部学院学报》2000 年第 2 期。

后 记

2006年，我的博士后论文《走私犯罪的经济学分析及对策研究》通过了答辩，当时打算将自己研究的成果发表，但由于工作繁忙，便搁置起来。将自己的博士后论文修订成书的想法，始于2010年年初。当时参加香港海关举办的反走私学术研讨会，会上与高铭暄教授、赵秉志教授，香港海关汤显明关长、时任深圳海关关长的邹志武副署长等专家学者讨论了不少打击走私的经验和想法，他们从刑法理论和刑事政策、外贸政策方面均提出了很好的建议或意见，这使我想起了搁置已久的论文，觉得在当时走私对国民经济危害较为严重的背景下对走私进行数量经济学分析具有特殊的意义。

本书的问世，要感谢我的博士后指导教师张屹山教授。张屹山教授是我国数量经济学研究方面的著名专家，在数量经济学领域享有极高的威望，能够师从张教授学习数量经济学，本人感到无比荣幸。先生的培育之恩感我肺腑，令我终生难忘。

由于论文写作的时间较早，引用的数据资料多限于已经公开的，可能与现实的数据相差较大，显得有些过时、陈旧，但笔者认为，这些数据的运用不影响规律的总结和问题的分析及结论的形成。不当之处，请读者批评指正。

张大春

2013年6月

后记